启发式教学

对 话 与 沉 默

ЭВРИСТИЧЕСКАЯ ПЕДАГОГИКА: ДИАЛОГ И МОЛЧАНИЕ

［白俄］安·德·科罗尔（A. D. Korol）/ 著

郭淑红 / 译

社会科学文献出版社
SOCIAL SCIENCES ACADEMIC PRESS (CHINA)

内容提要

  基于哲学、心理学和社会学的基本理论，本书系统地介绍了现代教育学新的学科发展方向，即基于学生提问和沉默的启发式教学法；揭示了在教学目标、教学内容、教学方法层面教育创新的启发式对话与启发式沉默之间的关系；表明了说话和沉默反映的人们的两种基本状态——向外开放和对内深化，是对世界和人的本质的两种基本看法，并由此产生两种不同的教育方法，即独白法和对话法。本书还介绍了沉默教学法的创新应用，从来源、意义、应用、成果等多个视角诠释沉默教学法，填补了该领域的空白。期望学生能够熟练掌握对话与沉默两种认知方式，教师能够灵活运用独白法和对话法两种教学方法，使沉默教学法融入现代教育学体系之中。

前　言

21 世纪是人的内心世界开放的世纪，而非其周遭世界开放的世纪。然而事实上今天的大众是"封闭"的——经常表达他人的思想，引用别人的观点，陈词滥调、条条框框，在动作行为、言语交流和思维模式上表现得越来越刻板和食而不化。其原因在很大程度上是教育中现有的信息方法，这种方法侧重于向学生传授具有教学适应性的社会经验。实际上教师传授学生历史文化知识时并未考虑学生的个人特征，因此当下的教育具有教师独白性特点。

现如今人们的生活节奏加快，社会环境复杂多变，愈加难以预测。基于信息方法的教育模式只是刻板化地将信息传授给学生，并未考虑学生的独特性。结果是学生被迫用他人的视角看世界，被迫复制他人的答案，这不仅会降低学生的学习兴趣，还会导致教学计划和教学内容严重超负荷，同时也不利于学生的身心健康。

教师注入式的教育特点在教育标准、教学大纲、教学资料以及教育过程中均得到体现。一方面，学生在课堂上不能发挥主动积极作用，而是按照老师的逻辑处于被动状态。另一方面，由于老师总是有进行对话的"总体"计划，学生凭个人兴趣想提问的"火苗"并不会受到关注，因而最终逐渐"熄灭"。

在这种独白性的教育过程中自然会产生许多问题：我们是否要始终接受他人给予的信息？接受时是否会进行补充？我们所接受的

是否能真正变成自己的？当我们接受别人的思想时，是否会失去自己的思想？

教育的独白性侧重于"现成"知识的传播，致力于培养知识的"仓库保管员"，而不是个人道路和个人成就的"建造者"。只有当一个人能够充分发挥自己的个人潜力时，他才有可能成功。但要做到这一点，他必须对自己的个人潜力有一个清晰的认知并充分利用，才能实现其人生价值，绽放生命的光彩。单单依靠向学生传达信息来达到此目的，即使从理论上来说都是难以实现的。比如，如果教学过程仅仅以规则、图表、分类、定理、定律等形式传播公式化的信息，那么要求学生形成开放性思维将会非常困难。而且如果不注重培养学生（与自己或他人）进行对话的能力，我们也很难提高学生的道德修养和为人处世能力。

本书认为，教育中的独白性是普通人具有下列三大特征的根源：

- 由于无话可说而至沉默；
- 不能倾听他人；
- 世界观扭曲。

本书介绍的启发式教学法侧重于研究对话体系、对话设计及对话实施。教育的启发性并不在于学生获得现成的所谓正确的"理论"，而旨在让学生获得不同于他人的独特教育。为此，应根据学生自身特点研究其现实情况，之后再将自己获得的结果与之前人们在这一领域取得的历史文化同类成就进行比较。

实际上，这里所说的学生与外界的对话不仅包括教学形式和教学方法层面，还包括教学思想、教学目标以及教学内容层面。这样的对话是启发式的，与传统的"师生"对话形式相反。在启发式对话中提问的主导者是学生，而非教师。

通过与"自己"或"他人"的对话，每个学生不仅能在所学到的知识中认清自己，还可以在内心深处逐渐地认识自己。他会明白自己是谁，自己认知的边界在哪，学会提出问题、设定目标、培养个人认知、提高创造力及组织能力。过去我们一直致力于建设"仓库"和培养可以随时按需提取知识的"仓库保管员"，但是要知道，教育质量并非由传递给学生知识的"总量"决定，而是取决于我们能够多大限度地发现、挖掘和实现每个学生个人潜力，因此，教会学生"盖房子"更加重要。

我们研究对话式启发教学法并非为了形成"成熟的"理论，而旨在培养学生的独特性，形成学生个性化教育体系，该体系包括学生的提问、论证和反驳等能力。在对话式启发教学法中，学生的提问是创造独特教育成果的主要方法和重要工具。

对话式启发教学法能够让学生"打开自己"，勇敢地表达自己的思想、目标、动机和疑问。本书涵盖教导学生提问的方法，这是培养创造力和成熟品格的关键。所谓成熟品格，即自我改变和自我管理进而实现人生目标的能力。

本书第七章介绍了沉默教学法的创新应用。21 世纪是一个喧嚣的世界，"一个喋喋不休的世界"，"一个渴望全面表达的世界"。[①]安托万·德·圣-埃克絮佩里（Antoine de Saint-Exupery）认为，人们深陷于喧嚣之中，不间断的噪声、媒体的喧嚣充斥于当代人的生活。这种喧嚣，对教育尤为危险。学生也被淹没在一片信息交流的喧嚣声中，越来越多地保持沉默：复制他人的思想，无法产生新的思想、目标，无法创造自己的个人价值，无法向世界和自己展示自我。

学生的沉默有两种极端情况。一种是不知道该说什么，或者难以回答，这种沉默是自然反应。另一种是当学生开始"打开"自己，即开始表达自己的思想、目标、知识和使命的时候，他就能打破沉

---

① *Бодрийяр Ж.* Симулякры и симуляции，изд . «постум»/ пер. с фр. А. Качалова. М. ，2015. C. 183.

默，主动开口提问。在这种情况下就需要学生学会沉默，这种沉默就是一种能力。这是另一种沉默。

可能正因为如此，列夫·托尔斯泰认为，沉默是一门重要的科学。前不久去世的院士、著名语言学家弗拉基米尔·比比欣之前谈到过当今学校的一个主要问题，他认为，孩子的沉默权被剥夺了。当代学者迈克里诺·孔莫拉斯和迈克利兹（M. Zembylas, P. Michaelides）也用反问的方式提出了这个问题："对于个人乃至整个社会来说，忽视了沉默的教育价值何在？"①

学生在学校保持沉默是接收外界的所谓"正确"的教育内容的独白性造成的。这样的独白导致学生的"封闭"和"缺失"，导致他们无法实现以及展示他们的使命和潜力。

学生的沉默作为一种能力，和启发式学习一样，属于更深层次的对话，因为"打开自己"的本质在于超越自己的极限。沉默是有深度的思维空间，是难于言表问题的来源，是学生明确目标的源泉。

印度智者云："沉默寡言的人往往比喋喋不休的人知道的多得多。"

这种创新的沉默教学法主要包括以下内容。基于沉默设定教学内容的原则依据有哪些？课堂上沉默与说话的比例为多少合适？如何在课程内容中体现沉默？如何评价学生认识自己、认识世界的"沉默"经验？这种沉默不能用语言表达吗？在沉默中学习知识的机制是什么？

本书致力于在教学目标、教学内容和教学方法层面揭示启发式对话和启发式沉默的教育创新方法间的相互关系。

本书具有哲学和社会学价值。本书指出，说话和沉默反映了人们的两种基本状态：向外界的开放和对内心的深化。这是对世界和人的

---

① Zembylas, M., Michaelides, P. "The Sound of Silence in Pedagogy," *Educational Theory*, Vol. 54, Iss. 2, 2004, p. 193.

本质的两种基本看法。我们所谈论的是东西方文化影响下固有的意识、思维和语言的差异，以及由此产生的两种不同的教育方法，即独白式教学法和对话式教学法。所谓独白式教学法，是将学生看作一张白纸，需要用人类的成就和知识去描绘和填充；对话式教学法就是将学生看作一颗未知植物的种子，他有自己的目标和使命需要去完成、成长。

　　本书还介绍了教育学的一个新的学科方向——教育社会学，阐述了启发式教学对保存历史记忆、摆脱人类刻板行为和思维观念、开启不同文化间对话的作用和影响。

安·德·科罗尔

白俄罗斯国立大学校长

教育学博士，教授

目 录

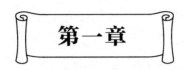

第一章

启发式和注入式教学法

教育是否需要创新？在教师研讨会和大学课堂上，我们经常能听到对这个问题的两种相反意见。其一，教育在根本上需要什么样的创新？众所周知，人的本质从未改变。几千年前在埃及，为了让学生听教师的话，人们用树条抽打学生的脊背，埃及人认为耳朵长在脊背上，这样会让学生对教师的话更加敏感。现在，只是信息量和传递信息的方法发生了改变。为什么学生对带插图的课本更感兴趣？因为插图总是包含大量的信息。其二，我们不能再维持原状，应当顺应时代潮流，根据当今世界对人才培养提出的新要求做出改变。

这两种观点看起来相互矛盾，实际上却都是正确的。微观世界定律的本质也是这样：基本粒子既是粒子又是波。在此也体现了波粒二象性——两个对立面可以同时存在。

人的本质同样如此，一方面，人是刻板的——"随大流"，尽量减少精力的消耗；另一方面，人是有创造力的，会打破陈规旧套。思想家赫尔曼·黑塞、哲学家奥尔特加·伊·加塞特等诸多作家都发表过类似观点。

"人是什么？"

几乎所有的教育体系都是从人的本质这个问题开始的。这是规划教育体系方法论的第一个层面，揭示了"为什么要教？"这个问题的本质。只有回答了这个问题，我们才能进入第二个层面"教什么？"以及第三个层面——执行层——"如何教？"

关于人性的本质有两种最古老的观点：

• 人是"一张白纸"；
• 人是"未知植物的种子"。

如果学生是一张白纸，那么教育的主要目标是尽可能用最细的笔迹填满它。这样，"教什么？"这一问题将会有一个非常明确的答案——"教授人类的成就。"教育标准、教学大纲和教科书都将为这个答案服务。

在教学中这种填写"白纸"的方法，使得向学生传递知识的比例更多，而学生自己做的比例更少。那么，评估标准将根据学生的答案与教师讲述或传递内容的符合程度来确定。

对于"人是什么？"这一问题还有一个完全不同的观点。现在我们谈谈另一个教育体系，其基本原理是发现、揭示和发挥人的潜力。

每一颗未知植物的种子都有自己的目标，包括文化方面、心理方面以及社会方面，同时他们也都有自己的任务和使命。

帮助学生弄清这一点，让他们建立自己的教育轨迹，用他们自己的思想和内容来构建世界——这是教育的任务。学生将在其中创建自己的知识体系，在与人类成就对话的同时用自己的思想来构建世界，同时改变自己。

所谓人的"缺失"就是指行为、沟通以及思维的单一，人为地封闭通向自己与他人的道路，无法将自己与他人比较，无法倾听他人对我们的看法："我们到底是谁？"人与自己内心沟通的特点就是这样。向世界展示自己、平等地与对话者交流、有机会回答"我是谁?"这个问题——这就是对话的标志。

第一节　人的心灵独白

今天，在很多方面尤其是从信息教学法的角度来看，学生被看作需要用外界内容来填充的一张"白纸"。这导致教育内容被认为是将人类的经验（信息）"总和"传递给学生，并随后进行"反馈"测试。换句话说，就是在不考虑学生的使命、特点、设定目标和完成目标能力的情况下，用文字、外界影响、人类取得的成就来填满"白纸"。但事实上，学生需要用自己的眼睛看世界。

学生没有机会成为与其他学生不同的教育产品，这是主体客观性，是不平等的现象。因此，基于信息法的教育具有"独白性"。这种复制式传播不但不能激励学生学习，也不能发展他们的个人品质，而这些品质决定其在快速变化的世界中自我改变与适应的能力。

首先，即使是基础知识，也不能简单地"转移"给学生。只能转达或传授一些信息；知识获取的深度与广度都与获取知识的方法密不可分。康德说过："我们只能认清自己亲自做过的事情。"① 其次，教育如果简化为以规则、图表、定理定律等形式传达预先准备和选定好的信息，那么就无法教导学生形成开放性思维。最后，预先选好的"现成的"信息无助于学生形成自己的知识体系，也不会促进"导向"型人格素质的发展，如设定目标、制订计划、自我反思等。

教育的独白性否定了学生对周围世界认知的独立性与创造性。向学生传递"他人的"信息，并检查其是否接收成功，这不利于学生创造性品格的发展，而创造性品格能够使学生跳出思维定式，对自己

---

① *Иммануил Кант. Критика чистого разума. М. : Эксмо, 2008. С. 225.*

的决定负责，与时俱进。

不影响学生内心世界的教育具有"线性"特征，"输入信号"应收到"输出响应"，即学生展示的只能是他应掌握的知识。对于一个人来说，新的信息是没有开放的，因此要用自己的眼睛看世界，而不是他人的。

当一个人充分发挥个人潜能时，他就有可能成功。但要做到这一点，必须对个人潜能有清晰的认知并使其充分实现。单单依靠向学生传递信息来实现这一点，理论上来说是不可能的。而且如果不注重培养学生与自己或他人进行对话的能力，我们也很难解决学生道德的发展与态度问题。

> 基于独白的教育体系不是让学生形成"自我"，而仅限于传播"他人"。[1]

教育的独白性主要表现在教学思维、教学目标、教学内容、教学方法以及评估标准中，特点是优先将现成的知识传递给学生。在传统课堂上，通常是教师提问，学生回答，教师根据回答检验学生对现成知识的掌握情况。确实，在课堂上学生需要遵循教师的逻辑。教师在制定自己的课程目标时，会在对话中"引导"学生得出科学认定并在教科书中描述所谓的"正确"结果。因此，教师的主导地位，导致"师生"对话具有"独白性"，不能充分展示学生的探索性品质，不能促进学生倾听对话、策划活动并对其反思的能力。

同时，出现了许多悖论：

• 虽然信息量增加了，但学习动机减少了；

---

① *Король А. Д.* Молчание в обучении: методологические и дидактические основы. Минск: Выш. шк.，2019. С. 11.

• 虽然每个孩子是不同的，但是教师传递的信息却是相同的；

• 学生的问题（对自己或世界）是有需求的，教育的重点是从所有正确的、已知的（教师、教科书）正确答案中获得；

• 与他人的交流更多了，与自己的交流变少了；

• 劳动力市场上对创造力的需求越来越大，对教育内容的模板化关注度越来越高；

• 对外界的发现更多，对自己的发现更少。

世界上很多国家对传统教育论述颇多，从中我们列出以下两个主要观点：

• 向学生传递信息无助于他们学习现实生活中的东西；

• 生活的变化比信息的传递速度更快，信息传递通常被称为知识转移。

因为，信息是外在的远离学生的东西，而知识是从学生内部产生的。经验不可传递，而向学生传递的信息，则是以现成的知识"菜肴"的形式呈现的。

一年级学生背着大书包来到学校，老师传授给他现成的知识和技能。但随着时间的推移，背这个包变得越来越困难，因为信息太多了。此时，学生可能想知道这是不是我的？我为什么要接受它？

如今学校中存在的主要问题是学生的沉默：他们一直在模仿别人的样板化的东西，缺乏自我。为了让学生"说话"，必须教会他根据自己的特点，创造实现自我的条件，从而实现自己未来的发展目标。

目前教育体系在多大程度上符合帮助学生实现自己发展目标成为不同于他人的条件？

换句话说，能够兼顾学生的兴趣、特点和需求的教育体系有多大的成效和多少创意？

正是由于这种广为人知的信息的传播，人们越来越听不到自己和他人的声音，逐渐失去自我定位的能力。人们的行为也变得越来越刻板和单一。

单一是指在行为、交流、思维中"听不见"自己和他人的声音，这是从别人的角度看待自己这一能力的丧失，也是多角度审视自己的能力的缺失。

这就导致在学校出现一个重要问题——学生在谈到自己未来目标时无话可说。

关于教育独白，有许多历史记载。这里列举其中的一部分。"吃得多并不意味着他健康"——亚里斯提卜，他是苏格拉底非常喜欢的两个学生之一，昔勒泥学派的创始人，宣扬享乐主义的生活方式。下面我们摘录列夫·托尔斯泰与一位印度公民的通信片段。

举世尊敬的先生，我来到这个国家已经四年多了，从未遇到过一个人可以从自己的内心深处表达对生活的看法。我在伦敦、纽约和波士顿遇到过"伟人"、学者、作家和哲学家。但他们所能做的就是谈论别人的想法。在我看来，他们就像一个口袋人，内心装满了各种各样的别人的想法。他们没有自己的思想，只是搬用别人的思想、想法和情感。

我在伦敦、纽约和波士顿遇到过一些知识界的"巨人"。他们是不幸的，他们只是一群他人思想的集合体，完全没有自己的想法。他们不断地试图告诉你，他们读了多少古代和现代的作品，不断地夸耀作者的思想。他们的思想是康德、叔本华、赫胥黎、卡莱尔、密尔、爱默生、列夫·托尔斯泰等（天知道还有多少人）的混合体，不过完全没有自己的思想。他们只是用成堆的其他人的想法与你交谈，自己的独立意识已经被掩盖。过去几代人接受的教育不同于现在，更接近于印度的现行方式——通过读古今的书籍来获取知识。这种方式是用他人的思想熬制出一个美丽的物质，然后消化它，并在自己的头脑中同化它，把它变成血肉，与之融为一体，最终强化自己最初的想法。这就是受过真正的高等教育的人，其本质是"心灵的鼓舞"。他们会在某一天比无知的人更清楚地认识到生命的本性是"爱"。现在，在我看来，相对于受过教育的西方人而言，没有受过教育的西方人对"精神上的真理"理解得更为透彻。①

在回答我们的想法是什么时，英国作家王尔德（Oscar Wilde）曾说："我们中大多数人都没有做自己，我们的思想是别人的观点；我们的生活是模仿他人；我们的嗜好是名言警句！"②

东方哲学对此也有一些评语。"道元禅师曾说：别人在书中讲述的经验毫无用处，在各式各样的'证据'中没有，也不可能有你需要的、唯一的、你自己的证据。"③

此外，艺术文学中也经常能见到教育独白的评语。"你只能了解你驯养的东西，"狐狸说，"人类没有足够的时间去了解一些事情了，他们总是到商店里购买现成的东西。但是，却没有一家商店贩卖友

---

① Л. Н. Толстой и Индия：переписка/М－во культуры РФ, Гос. музей Л. Н. Толстого, Ин－т востоковедения РАН；сост.，авт. введ. и примеч. Т. Н. Загородникова；отв. ред. А. В. Бочковская. М.，2013.

② Уайльд О. Парадоксы. СПб.：Анима，2002. С. 320.

③ Л. Н. Толстой и Индия：переписка/М－во культуры РФ, Гос. музей Л. Н. Толстого, Ин－т востоковедения РАН；сост.，авт. введ. и примеч. Т. Н. Загородникова；отв. ред. А. В. Бочковская. М.，2013.

谊，所以人类没有真正的朋友。如果你需要一个朋友，就驯养我吧！"①

第二节 教育中的封闭与开放

一般来说，教育中独白与对话的关系是封闭与开放的关系。黎巴嫩作家、思想家纪伯伦认为："许多教义类似玻璃窗：透过它，我们能看到真理，但同时它也把我们与真理分隔开。"②

另一部古籍写道："那些知道真理的人不是说从别人那里得到的东西肯定会失去吗？而那些盲目听信别人的话，并在解释中寻找答案的人就像傻瓜一样：妄想用棍子把天上的月亮捅下来，或者不脱靴子挠自己脚上的茧子。"③

玻璃式的屏障和手脚间的鞋子非常形象生动地说明，"自己"与"他人"间的隔阂、学生内在的"我"与试图传递给他的信息之间的隔阂。

这也是"知识"这一概念经常被"信息"代替的原因。让－弗朗索瓦·利奥塔（Jean-Francois Lyotard）在他的《后现代状况：关于知识的报告》中指出，由于知识的工具化、情境化，应用范围狭窄，知识逐渐变成了信息。知识向信息的转化意味着知识的外在化，缺乏整体的元基础。教育体系的主要组成部分是思想、目标和内容，对应三个问题（为什么学？学什么？如何学？），侧重于向传递学生多元文化和通识信息，因此没有任一信息考虑到"单一文化"学生的文化以及心理生理特征。

① *Сент-Экзюпери А. де.* Маленький принц. М. ，2016.

② *Джебран Х. Д.* Песок и пена // Избранное: пер. с араб. и англ. /сост. ，предисл. и коммент. В. Маркова. Л. ，1986.

③ Афоризмы старого Китая/сост. ，пер. ，вступ. ст. и коммент. В. В. Малявина. М. ，2004.

信息不同于人，它是公共财富。只有人自己（与他人互动）所做的事情才能是"自己的"。对我们来说，信息是"他人的"，它属于所有人；知识是"自己的"，它属于个人。

信息可以传递（复制、保存、增加），知识不能传递。我们来看看纪伯伦《先知》中的片段。

> 老师说："给我们讲讲教义吧。"
>
> 于是他说道：
>
> "没有人能够启悟你们，除了你自己那半梦半醒晨光中的知识。走在圣殿阴影下，行于其追随者中的导师，传授的不是他的智慧，而是他的信念和爱。
>
> "如果他足够睿智，就不会命令你们进入他智慧的殿堂，而是引导你们走向自己心灵的门户。天文学家能向你们讲授他对太空的理解，但却无法赋予你们他的感觉。
>
> "音乐家能为你们唱出余音缭绕的旋律，但却无法赋予你们捕捉这旋律的耳朵，或者回应这旋律的歌喉。
>
> "精通数学的人能告诉你度量衡的世界，但他不能带你走进去。因为一个人的顿悟不能将其羽翼延伸至另一个人。你们每个人都独自站在上帝面前，所以你们每个人都必须独自认识上帝和理解大地。"[①]

这就把我们带到教学中"自己的"和"他人的"问题起源上。试图将一个人的羽翼延伸到另一个人身上，如德国作家赫尔曼·黑塞在《悉达多》中所言："智慧无法传递。智者试图传递给他人智慧听

---

① *Джебран Х. Д. Странник. «СФЕРА» 2002.*

起来却总是很愚蠢。"①

智慧、知识是"自己的"，是一个人拥有的一种不能作为信息传递的产品，就像旅馆为客人提供的东西不是客人的个人财产一样。

比如，我们使用他人给我们的东西，他人的东西不会因为我们使用而成为我们的。我们没有创造这个东西，也就是说，我们无法认识它。

教育体系的独白主义培养独白式的学生，主张不改变人，允许用别人的眼睛看世界，充当思维、交际和行为的模型工厂。

由于教育中的独白性以及由此产生的个人边界的向外延伸，汉斯-格奥尔格·伽达默尔（H. G. Gadamer）在他20世纪末《无法说话》中问道：

没看到在我们这个时代，人的行为模式正在单一化吗？

这听起来与苏联作家帕斯捷尔纳克的话相符合："所有人失去他之时，就是我失去他之际。"②

独白性与失去有对话能力的人，二者情形完全相同。今天有很多事例可以说明这一点。米哈伊尔·米哈伊洛维奇·巴赫金写道："人就是'我'和'他人'的方程式。"马丁·布伯对之赞同，表示："只有通过'你'，才能认识'我'。"③

学生只有将自己与其他学生进行比较，才能创造出独特的自己。"我们对自己的了解程度，就像我们知道我们不是谁一样。"——这是"异化"科学的主要思想之一。

① *Гессе Г.* Сиддхартха/пер. с нем. Г. Б. Ноткина. СПб. , 2003.

② *Пастернак Б.* Стихотворения. Поэмы. Переводы. М. : Правда, 1990. С. 398.

③ *Бахтин М. М.* Собрание сочинений： ［в 7 т.］. Т. 1: Философская эстетика 1920 – х годов. М. : Рус. словари, 1996. С. 1181.

利昂·费斯廷格在著名的社会比较理论中提出，人的天性就是渴望评估自己的信念和能力，而这只能通过与他人的比较来实现。[①] 人将自己与他人进行比较，他人的评价会影响我们的行为。

1902 年，查尔斯·霍顿·库利（C. Cooley）提出了"镜像自我"理论：别人如何评价他，将对其自我理念产生重大影响。用教育学语言表达就是："教育过程中其他主体即学生、教师、父母对其的评价，明显地影响着学生个人的教育轨迹。"[②]

在东方哲学和文化思想中，他人的问题是教师问题。著名汉学家弗·维·马良文认为："有一些专门的技巧和做法，还有一位应该引导你进入这种状态的教师。你自己永远不会把自己带入这种状态。意识会欺骗自己。你总能找到欺骗自己的理由。你必须有一位内在的教师。伊万·伊林说得对：'让头脑有一个国王。'这就是道家的思想。在我看来，不仅仅是道教，几乎是所有现存宗教对这一重大问题的回答。"[③]

"大多数人满足于自己的现状，因此，永远不会进步。与人交谈是超越现状的第一步。"[④] 而孔子说："独学而无友，则孤陋而寡闻。"[⑤]

依靠提高速度扩大外延意味着关闭通向自己和他人的道路，"他人"倍增，压缩"头脑的空间"和"自己的空间"。当思想和知识被交际和信息所取代，就会丧失思维空间和人的对话性。

---

① *Фестингер Л. Теория когнитивного диссонанса. СПб.，2000.*

② Бубер М. Я и Ты：〔пер. с нем／послесл. П. С. Гуревича〕. М.：Высш. шк.，1993. С. 173.

③ История успеха Владимира Малявина〔Электронный ресурс〕：видеоверсия интервью Владимира Малявина для программы «История успеха» радиостанции Finam. FM// Средоточие：центр Владимира Малявина. URL：http：//www. sredo tochie. ru/videozapis‒1/（дата обращения：13. 08. 2018）.

④ Кодекс бусидо：Хагакурэ. Сокрытое в листве：сб./пер. А. Боченкова，В. Горбатько；предисл. и глоссарий Т. Улищенко. М.，2003.

⑤ Классическое конфуцианство：в 2 т./сост. А. С. Мартынов；пер.，ст.，коммент. А. Мартынова，И. Зограф. СПб.，2000. Т. 1：Конфуций. "Лунь Юй".

人们有时会迷失自己，历史也会将人淡忘，但是人们很少反思，听不到自己内心的声音，因此，也不能够倾听别人的声音，就像不通过"自己本身"，而通过外在方式（书本或故事）是不能认识世界的。

第三节　对话式教学

过去二十年里，在教育学理论和实践中出现了一些新的术语，这些术语构成了许多重要的古代东方哲学思想的基础。它与学生的自我实现、自我改变，学生的使命、预定目标以及元主体性等有关。这些术语来自安·维·胡托尔斯基的人性教育学派，此外，该学派还开发并实施了教育设计和实施的方法学原理，即：发现、揭示和实现人的潜力。

例如，印度的高级现实既不可知，也不能用人类的情感和思维所表达，而低级现实是可知的、可表达的。《小王子》说："只有心是敏锐的。"这些都证明，内在优先，而非外在，应该加深而非拓展人的界限。

"我命由我不由天。"

"寻找身外的智慧是最大的愚蠢。"①

"一切皆有可能。志坚者改天换地。"

"不知胜人之道，唯有胜己之法。"②

"人可胜天。唯志坚者，方能冲破命运桎梏。"③

---

① Кю дзо си "Книга изречений" /Пер. осуществлен по изданию: Дзэнрин кюсю/ Ред. и ком. Сибаямы Дзэнкэйя. Киото, 1952.

② Лунь Юй / пер. В. В. Малявин. М., 2003.

③ Цзижу Ч. Избранные афоризмы из книги «Скажу ли, как подобает старшему?» // Афоризмы старого Китая / пер. В. В. Малявина. М., 1988. С. 165 – 167.

换句话说，心灵和智慧的认知能力是不同的。综上所述，我们可以得出结论：教育是一个过程，不是传递给人的"科学总和"；教育是结果，不是拥有四通八达道路和桥梁的都市。在这个都市里，必须有通向真理的"精神之路"。只有学生发现自己的"精神之路"，了解周围世界，充实自己的思想和内容，才能改变自己。

第二章

基于对话的启发式教育体系

让学生实现自我，仅靠向他提出任务和注入专业知识是不够的。必须让每位学生都有以自己的方式接受教育的机会，让他们在学习通识科目时建立自己的教育轨迹。对于学生来说，这条道路是对新事物的不断发现，即启发式（来自希腊语 heurisko，探寻、发现之意）教学法。[①] 现如今，人们普遍认为，一个学生只有从教师那里获得所有必要的知识及技能后才能创造出新观点，学者和教育学家用事实反驳了这一普遍认知。[②]

启发式教学法的基础由以下三个部分构成：学生在所研究的教育领域创造教育成果；通过与自己的认知结果相比较，掌握这些领域的基本内容；根据自己的个人品质在每一个教育领域建立教育轨迹。[③]

[①] Эвристическое обучение: в 5 т. / под ред. А. В. Хуторского. М. : Эйдос, 2011. Т. 1: Научные основы (Серия «Инновации в обучении»). 2011. С. 320.

[②] *Хуторской А. В.* Дидактическая эвристика: Теория и технология креативного обучения. М. : МГУ, 2003. С. 162.

[③] *Хуторской А. В.* Дидактическая эвристика: Теория и технология креативного обучения. М. : МГУ, 2003. С. 416.

启发式教学法包括三个阶段。第一，学生须学习教师提出的真实（基础）教育对象（而不是教材中有关它的信息）。基础的教育对象是学生普遍认知的对象，它能够保障每位学生形成个人认知并最终建立自己的教育轨迹。基础的教育对象是反映世界统一和集中当前认知现实的关键实体。真实的教育对象众多，例如自然现象（水、空气等）、文化现象（文学文本、建筑设施、艺术品等）、技术设备（电脑、电话、电视等）。这些是重要教育领域的关键点，正是由于这些关键点才能有真实的认知领域，进而构建认知领域的理想知识体系。①

为每一个当今熟知领域确定的基础教育对象群是相互关联的类别、概念、符号、现象以及问题体系，是既有真实又有理想的化身。

第二，只有对现实有足够的认知，学生才能取得具有原创性或具备个人特点的教育成果。但是，学生对客观现实认知的原始（主观）结果只是认知过程的一半。还会有一面"镜子"——历史文化相近成果。历史文化相近成果是集科学、艺术、传统、技术以及教育领域中体现的人类知识与智慧于一体的综合体。它包含着人类基本成就的概念、法则、原理、方法、假设和理论等。此外，通过将"我们的"与"他人的"进行比较，将学生培养为具备个人和社会双重文化属性的高素质人才。

换言之，教育内容不是将信息简单地传授给学生，而是营造一种能够促进其自我教育并提高其启发性品质（认知能力、创造能力、组织能力等）的教育环境，而启发性品质能够使学生成为"建设者"，而不是"仓库保管员"。

第三，教育内容分为外部教育环境和学生与外部教育环境发生作

---

① *Хуторской А. В.* Дидактическая эвристика: Теория и технология креативного обучения. М. : МГУ, 2003. C. 416.

用而产生的自我认知。

如果学生能够在学习特定主题和科目时设定个人目标，选择最佳的学习形式和节奏，运用最适合自己的学习方法，实现个人教育活动的反思，他将能够在所有教育领域沿着自己的教育轨迹前进。同时，只要学生掌握了创造、认知和组织活动的基础知识，就有可能创造自己的教育成果。

学生在进行这些教育活动的同时，展现出他们相应的个人品质。

一是认知力——感知周围世界、提出问题、探寻现象产生的原因、表明自己对问题的理解或缺乏理解的能力；二是创造力——灵感、想象力、头脑灵活、对矛盾敏感，思想、感觉及行动的无拘无束，预测能力，具有个人见解等；三是组织活动能力——认识和阐明教育活动目标的能力、设定目标并组织实施的能力、制定规则的能力、思维反思能力等。这种启发式活动将成就学生在通识教育过程中的创造性自我实现。[1]

启发式教学是类似于学习新发现的科学，它是一种教学理论，根据该理论，教育是学生和教师在所学领域自我实现的过程中形成的教育成果。[2]

但是，人们常说发现并非寻找新的土地，而是以崭新的视角看待世界，这并非空谈。学生在获取信息时没有新的发现是因为他是以信息作者的视角来看待世界的。在这种无主并与学生疏远的信息中，学生无法建立不同于他人的教育成果。该教育成果应该包括学生的个人经验，发展其个人的认知力、创造力和组织活动能力等品质。

实际上，学生建立独特的个人教育轨迹、用自己的思想和内容丰

---

[1] *Хуторской А. В.* Дидактическая эвристика: Теория и технология креативного обучения. 2003，С. 162.

[2] *Хуторской А. В.* Методика личностно－ориентированного обучения. Как обучать всех по－разному? М.：Владос，2005.

富世界的"秘密"在于学生在学习中是否有机会创造"自己的",而非"他人的"教育成果。

第一节 启发式教学的"秘密":开放性任务

在教育公开内容中可以发现学生可以创建不同于他人的独特的个人教育成果。

启发式教学的重要内容是对任何学生都"开放",即没有所谓固定的"正确"答案的开放性任务。因此,开放性任务意味着不仅要依靠标准中规定的知识,还要依靠学生的创造性自我实现。

实际上,所学主题的任一要素都可以以开放性任务的形式表达。例如:提出自己的研究方式和索引来源、解释数字图形形式、针对所给主题创作赞歌、制定语法规则、汇编任务集、确定对象的来源、研究现象等。根据创造性自我表达程度的不同,学生获得的结果是独特多样的。

一方面,开放性任务使学生能够在学习科目中找到新发现,从而激发学生的内在潜力,形成并发展其个人启发性品质:创造力、认知力和组织活动能力。[1] 另一方面,开放性任务"基于"教育标准和大纲。

显然,学生无须重新发现人类的所有知识和经验。但是当前的主要问题和所学科目的基本问题一开始主要通过学生的个人活动来解决。只有在他有了自己的理解、见解和其他最初的知识产物之后,才建议他熟悉人类在这些问题上的成就。甚至在以不同的历史文化立场继续进行教育活动时,学生不仅可以获取现成的知识,还可以将其与自己的成果进行比较。

---

[1] Эвристическое обучение: в 5 т. Т. 1. Научные основы / под ред. А. В. Хуторского. М. : Эйдос,2011. С. 320

以下为一年级大学生编写的作业示例。

> 请你想一个词语并思考
>
> 你想要说什么话？你想表达什么意思？你希望字典里有什么解释？

在这项任务中，学生在很大程度上会根据自己的经验、能力和知识来表达自己的观点。有多少名学生，就有多少种完成任务的方法，就有多少种教育成果。

作业具有个人意义，因为它会影响学生的"自我"，它主要是通过具体科目的课程主题给学生提供自我认识的机会。

让我们看一下其他教育领域的开放式作业的示例。

> 稳定的图形（物理，7 年级）。使用提供的物品（圆珠笔、铅笔、橡皮、卷笔刀、塑料尺等），设计并制造出最稳定的图形，拍成照片（图片文件的大小不应超过 300kb）。你认为这个图形的稳定性依据是什么？请描述如何将有关图形稳定性的结论用于日常生活。

> 价值观（社会科学资料，7~11 年级）。价值观对于个人意义重大。以降序列出你的 5 个价值观，再列出你认为代表班级性质的 5 个价值观，最后，再列出你学校的 5 个价值观。请说明这三列价值观为何相同或不同。建议借鉴《学校价值观法》中的表达。

值得注意的是，除了主题任务之外，这些任务的内容还设定了明确的教育目标。

为了证明学生（1~6 岁年龄段）不是"一张白纸"，我们将通过相关知识（根据2015年9月1日全俄启发式奥运会的问题）举例说明。

中小学生奥林匹克知识竞赛"小问号俱乐部"

您知道吗，孩子们白天可以问400多个问题！因为他们想要知道的很多，所以必须要问很多为什么。

你能想到什么问题？请想出5～10个主要问题，向老师或父母提问有关什么是知识的问题，问题可以从各种各样的词开始："是什么？""为什么？""怎么办？""可以吗？"等等。

请想象一下下面的情景。

9月1日，知识日，要求学生向成年人提问有关知识的问题。提问对象可以是父母、祖父母及教师。下面是一些反馈的结果。

"知识是问题还是答案？""知识是过程还是结果？""什么人最常用'知识'这个词？""我们为什么要学习？""你可以不去上学而获得知识吗？""有什么都不知道的人吗？""如何区分新旧思想？""知识意味着什么？""为什么学习知识比无知好？"

——三年级学生

"为什么你头脑中会产生想法？"

——丹尼斯·斯帕克斯基，三年级

上述"普通"学生的许多问题都涉及人类哲学和人道主义研究的深刻主题。这些学生和其他许多人都从未读过萨特、加缪、海德格尔的作品。那他们又是怎么知道的呢？这里我们来看一下学生反思的例子。十年级的一名学生在参加国际远程启发式奥林匹克全民知识竞赛时（此竞赛激发参赛者自身的创造潜力，并非寻找预先准备的答案）写道："苏格拉底是正确的。所有的答案都在我们自己内心。"

我们再看看另一个学生在学习"心理学和教育学基础"学科课

程之后的反思："我的结论很简单：如果您想成功，就请一定不要只知道自己在做什么，还需要深层了解并理解它。"

乍一看，这些普通的单词对于我们成年人来说没有什么难以理解的，但这是非专业人士的一个小结论，他强调"成功"一词。本书的内容揭示了"我们内心"和"成功"这两个短语的内容，对于一个学生应该被"给予"什么，应该"培养"什么，或如何以不同的方式传授给每位学生同样的知识等问题也给出了解答。

第二节　教育标准的对话模式

似乎，世界从未如此迅速地发展，变化也从未像现在这样具有全球性：确保人类社会适应的系统（尤其是教育系统）来不及适应信息量的增长，改变其结构和功能。依靠传递和吸收现成知识的基本目标，导致今天的学生没有机会在不断变化的世界中取得成功。如果说早期教育的主要任务之一是让学生适应周围的世界，那么今天他就不得不平等地参与这一变革。

因此，现代教育过程不应该以被动适应为基础，而应该以主动适应为前提，这可以理解为不断形成自我改变的能力。这意味着需要将教育的重点从通常的被动获取现成知识转移到主动吸收知识上，也就是说，转移到根据个人的文化、心理和能力来揭示其基本的认知潜能上。问题是如何实现这一目标，为了使教育的个人载体、个人要素保持在国家标准的水平上，教育体系应做出哪些改变。毕竟，今天夸美纽斯（捷克人文主义思想家、教育家、作家）的遗训"教大家一切"是不切实际的。①

---

① *Хуторской А. В.* Методика личностно - ориентированного обучения. Как обучать всех по - разному?: пособие для учителя. М. : Изд - во ВЛАДОС - ПРЕСС, 2005. С. 383.

众所周知，教育标准以集中的形式表达了当今教育的内容。在传统的教育范式中，教育的内容是一种根据教学法进行调整的传递给学生的社会经验，包括四个组成部分：认知活动的经验——以结果的形式记录知识，实施活动已知方法的经验——"根据模型"采取行动的技能，进行创造性活动的经验和对现实的情感价值态度的经验。[①]我们注意到，这四个组成部分在某种意义上是真实教育过程的理论特征，只有以这种身份，它们才能作为单独的元素彼此独立地存在。在实际的教育实践中，它们不能彼此分离，它们形成了本质上的整体结构，并充当"生命"有机体的一部分。

同时，在今天的教育中，教育内容的前两个主要组成部分之间已经产生了很大的距离，基于模型的知识和技能的传播以及极少的、零散呈现的经验：学生的创造活动和他对现实的情感态度。在传统的教育实践中，教师和研究人员都将"模型化"的、"现成"的知识和技能视为静态的，并从外部转移给学生，因此两者逐渐疏远。然而，认知活动与情感和价值关系的经验形成，本质上是动态的，取决于个人的参数及其文化视野，实际上完全不属于教学实践的认知组成部分。

因此，在评估学生个性认知活动的任何尝试中，我们都面临无法克服的困难。传统教育实践本身缺乏明确界定的规范，无法评估这些参数，最重要的是，缺乏教育标准层面的概念基础。但是，事实上，一方面确保知识和技能之间的动态平衡，另一方面确保知识和学生的创造性活动之间的平衡，是保护欧洲文明的首要任务。

为了使教育标准灵活和自我维持，有必要在整体学习过程中以最适宜的形式定义其个人组成部分。因此，现代哲学家和教学理论家的

---

① Дидактика средней школы: некоторые проблемы соврем. дидактики: учеб. пособие по спецкурсу для пед. ин – тов / В. В. Краевский, И. Я. Лернер, М. Н. Скаткин; под ред. М. Н. Скаткина. М.: Просвещение, 1982. С. 319.

任务是制定教育标准，以评估学生对"现成"知识的积极、创造性发展的程度。这将有助于定义知识与创造力之间的紧密而灵活的关系。

应考虑到，在教育系统中尝试加强对话性教学内容不是要简单地在其结构层次上装饰性地加入对话。如此，在教育系统内对话被要求代替各种各样的"伪对话"的形式（即对话的模仿）。实际上，要在教育改革体系中把对话教学真正作为教学的核心内容来对待。因为"学校教学应该以传授这样的知识为方针，在理论概括和抽象化的过程当中让学生掌握这些知识，从而提高学生对于这种知识的理论理解"。

除了教育系统需要改变以外，其他以对话为基础的教育模式和教育理念也需要改变。例如，问题教育，总的来说，是将前辈的经验传授给年轻一代。这里的对话也起到一定的创造性的作用，但是也仅限于辅助性作用，不能直接提高学生的创新创造能力。

"文化对话学派"的经验可以认为是对教育对话本质根本诉求的一个例子。其中，教育被理解为围绕不同文化发展和交流的关键问题而展开的广泛对话[1]，并且基于哲学的思想，试图使对话不只是教学形式或者方法，而是所有教育的基本方法论特征。学生接受教育的过程处于人类发展的主要阶段，并从现代性（系统与个体关系）的角度与他们进行对话。我们认为，在普通中学的教育系统中这种观念的涉及区域并不大，因为不能把合乎文化原理机械地转移到教学活动中。

综上所述，现代教育的现实对话只是促进学生个人的发展，而没有使他创造自己的教育方法。在教育系统中只有学生抓住机会积极地进行个人的教育规划，才能更全面地揭示对话的教育本质。正因如此，学生的问题才变成教育过程中最重要的方法论和教学法的组成部分。

---

① *Библер В. С.* Диалог культур и школа XXI века // Школа диалога культур: идеи, опыт, проблемы/под ред. В. С. Библера. Кемерово, 1993. С. 21.

如果把启发式对话的成分列入教育内容和教育标准，那么情绪与价值关系的经验就会成为教育内容综合结构更深刻的基础，而且是形成学生创造活动经验的必要条件。基于哲学和方法论，根据学生"自己的"和"他人的"对话下定义，启发式教学是在每一段个人教育经历中启发式的提问过程，并且这个过程的方针是学生追求新的知识。如果在教育中实现对话的原则，就会帮助学生了解怎么提出问题，进而使学生对客观认识形成积极的态度。因为如果对话成为教育标准的重要组成部分，通过对话的方式将重要的普通课程标准与学生个性特点结合，从而开辟学生个性化教育成长轨迹。如果在教育实践中实现鼓励质疑提问的原则，学生就能学会从不同的角度来看问题，同时考虑到对立的观点，还能培养学生对别人的意见保持宽容、忍让的态度。

应该强调的是，把提出问题列入教育标准有教育反思的意义，同时符合最重要的启发式教学原理之一，就是教育的反思原理。对话的组成部分不仅给教育标准提供个人活动的方针，而且使标准充实启发式教育的内容。尤其是教育标准的区域性组成部分，在这个范围内对话"考虑到"学生的文化和宗教的特点，让学生自己发现符合文化、适应内心的认识客观世界的方法，而且让学生自己进行教育规划。综上所述，很明显，提出问题是把普通课程教育内容联合起来的基础。

不过提出问题并不否认标准中存在认识活动的经验和实施方法的经验。创造过程是个人的且有自己的限制，所以要求所有学生总是不合标准地、创造性地活动是错误的且不合理的。一些东西不需要"重新发明"，例如，历史日期、认识的全部工具等等。所以需要把这些东西列入提出问题的发达系统，因为这样能使知识保留下来并且逐渐增加，成为欧洲文化很重要的一部分，它是传承文化的保障。

学生只有和外界教育环境进行对话，才会规划自己的人生目标，并为之努力奋斗，他的自我实现才会成功。[①] 由于启发式教学是学生创造自我的教育（思想、目标、内容、形式与方法）过程，因此具有对话的基础。

通过"自己"与"他人"的比较对话，学生寻找自己的"我"，回答"我是谁？"的问题，通过学习发现自己。毕竟，我们清晰了解自己的程度，就像我们知道自己不是谁一样。如果我们能够超越自我，以他人的视角并在历史长河中审视自己，我们就会了解自己。

我们理解的"启发式对话"概念指的是在每个教育活动阶段中学生向外界环境提出问题。这些阶段如下：确定目标的阶段，根据文化历史、心理特点选择形式和方法的阶段，自反性活动的阶段。[②]

教育的个性化源于从教师的独白过渡到学生的启发式对话，在教师的独白中学生扮演听众的角色。

第三节　问题教学法

帕维尔·佛罗伦斯基说："提出问题是认识世界的开始。"[③] 问题最重要的功能之一是可以提升道德水平。因此，教学生提问、进行启发式对话（倡导学生认识新事物）解决教育的问题，即解决人的道德品质和精神境界发展、宽容和忍耐品格形成的问题。

我们使用与微观世界及宏观世界相似的哲学方法论原理（根据

---

① *Король А. Д.*, *Хуторской А. В.* От монолога к диалогу: методологические предпосылки проектирования образования эвристического типа // Смыслы и цели образования: инновационный аспект: сб. науч. тр. / под ред. А. В. Хуторского. М., 2007. С. 197 – 206.

② *Король А. Д.* Диалоговый подход к организации эвристического обучения // Педагогика. 2007. № 9. С. 18 – 25.

③ *Флоренский П. А.* Столп и утверждение истины: опыт православной теодицеи в двенадцати письмах. М., 2002.

这个原理，教育将人引入周围世界，使其填充自己的意义和内容），而且基于尼古拉·别尔嘉耶夫、阿诺尔德·汤因比、奥斯瓦尔德·斯宾格勒的研究，我们了解到，"问题""人的思维"和东西方社会"对话"之间存在着不可分割的联系。①

从哲学和方法论的角度来看，学生的问题比答案更能说明个人的特征。在作为创造性产物的问题中，存在不同角度的对话：个体与群体之间对话，已知与未知、人与世界、文化与文明之间的对话。

1957 年帕维尔·柯普宁说："实际上，问题是科学内容的一部分。"② 尤其是问题应该列入教育内容中，找到自己在教育标准中的位置。

从教学的角度来看，对我们而言很重要的一点是，至少在某种程度上，任何创造活动都可以标准化，"标准"在知识和活动（用于学生形成知识）的"坐标"中，因为它包括在既定的文化价值体系中，即一系列知识，旨在通过教育系统传递给学生的整体社会经验。事实是问题本身已经包含了一定的知识。这是问题的前提，表达了对可以传统评估的现象的某种观点。这个问题的矛盾本质在于它的对立性，即从旧知识到新知识的过渡的辩证基础。③ 因此，如果用弗朗西斯·培根的话来说，一个聪明的问题是知识的一半，那么它的另一个有条件的一半就是提问者创造性活动的过程。问题的这两个功能使我们可以将其视为答案的教学形式。

雅各·辛提卡强调，从哲学和逻辑的角度来看，这种教学形式根

① *Хуторской А. В.，Король А. Д.* Диалогичность как проблема современного образования（философско - методологический аспект）// Вопр. философии. 2008. № 4. С. 109 – 114.

② *Копнин П. В.* Природа суждения и формы выражения его в языке // Мышление и язык: сб. ст. / Акад. наук СССР, Ин - т философии; под ред. Д. П. Горского. М.，1957. С. 318.

③ *Аверьянов Л. Я.* Почему люди задают вопросы? М.，1993. С. 152.

据问题的认识功能可以分为三个重要的类型：澄清问题、替代问题（"是否"问题）和补充问题（"什么"问题）。澄清问题、替代问题旨在揭示正确的判断，例如"是否正确……""是否能……"；补充问题旨在发现研究对象的新特性。

在教育过程中，这些类型的问题使我们能够评估问题中包含的知识，但不提供有关如何评估创造力的信息。我们认为，这是因为在教育实践中缺少提问系统本身，这是由对现成知识的被动吸收的实际取向所决定的。

我们认为，有必要将注意力集中在不同类型的问题上，包括扩大现有的认知范围以获取有关世界的新知识。因此，在启发式教学活动中，我们区分以下类型的学生问题，并将其作为他们的创意产品：旨在深入研究新材料的认知（强化）问题；学科主题与其他主题，甚至与其他学科连接的广泛问题；创造性的问题。事实上，创造性的问题是"向内"跨学科知识的问题。例如，是否可以断言一个民族文化灭绝的性质具有指数性？这类问题不仅可以评估其知识体量，而且可以评估其创造性的成分。

一系列问题的本身可用于评估学生创造性活动的成分。例如，根据学生在证明或反驳命题中连续提出的两个相关问题，能够评估学生区别和整合学科知识、发现不同成分之间的类比和联想、表达隐性意义的能力。除了证明或反驳之外，形成对话、谈话的片段可有效地评价学生的创造力。[①] 这个片段可以评价学生的创造性思维特征，例如，在熟悉情境中看到新问题，将知识和技能运用到非常规情境中，看到已知物体的新功能，看到对象结构的相互关系，整合已知的行动

---

① *Хинтикка К. Я. Ю.* Шерлок Холмс против современной логики: к теории поиска информации с помощью вопросов // Язык и моделирование социального взаимодействия. М., 1987. С. 265 – 281.

方法以及创建新方法。①

　　从该角度来看，我们认为，在测试项目中使用问题（而非问题的答案）是评估学生创造力的重要方法。在测试学生进行外语教学的过程中采用这种交流方法，在许多情况下已经证明了它的价值。②

　　为了评价学生的启发式创造性活动，应该强调问题的感情和动机的潜台词。例如，一定的以问题形式的情感命题（不指向获得信息），能评价学生对现实的情感和价值关系的经验。在教育学文献中情感和价值关系的经验被认为是培养学生的个人取向和有关品质的发展机制：对某些事、命题、自己的和其他人的行为给予自己评价的能力，从需要选择的道德困境中理性地解脱出来的能力，等等。③ 问题源于情绪，同时也依赖于情绪，即一种个人心理的刺激，导致问题产生。在这方面提出问题可以被认为是教育工具，能克服知识与创造性的脱节问题，因为提出问题能使事件具有情感和价值色彩，促使学生从不同角度来看问题从而能和古今思想家进行讨论。在教学过程中使用个人的情感和动机领域是教育学发展的方向。如果在教育规范文件中考虑到学生提问等类似情感，就给这个学科发展提供了新的动力。

第四节　"是什么?""为什么?""怎么办?"

　　我们模拟的启发式教学系统基于对话，在对话中最重要的活动是学生的提问。教育系统中最重要的方法论和教学法的组成部分变成学生的问题。

---

① *Лернер И. Я.* Проблемное обучение. М. , 1974. С. 37.

② Capelle, G., Gidon, N., *Le nouvel Espaces 1*：*Methode de francais*，Paris：Hachette Livre, 1995.

③ *Краевский В. В.* , *Хуторской А. В.* Предметное и общепредметное в образовательных стандартах // Педагогика. 2003. № 3. С. 3 – 10.

基于对话的启发式教学系统的主要组成部分为：作为实现启发式教学的方法论原理的问题功能（发展道德的、认知的、情感和价值的、创造性和反思的能力）；启发式教学的内容计划系统；基于教育过程的主体之间交流，启发式教学系统实现的系统。[1]

　　启发式教学主要组成部分的计划系统基于三个方法论问题（"是什么？""为什么？""怎么办？"）的顺序。应该强调，这是模型语义问题。

　　启发式对话方法的内容是基本的三段式问题"是什么？""为什么？""怎么办？"。[2] 我们详细地分析这些问题的模型。

　　在第一阶段学生认识研究的客观现实领域（基础的教育对象）。在第二阶段学生把创造的初级主观教育成果与该领域的标准，即历史文化现象，进行比较。在第三阶段学生把初级教育成果重新理解、比较，建立综合教育成果，并将这种成果列入学生的新活动。

　　历史文化遗产是一面"镜子"，在"镜子"中学生会看到自己的教育成果并认识自己。

　　在自己与他人的对话中学生的个人成果变成综合教育成果，它包括个人和社会文化成分。学生的教育成果可综合体现个人的教育发展轨迹。

　　这是通过发现进行学习的三个阶段的顺序——启发式学习。

　　关于启发式对话的方法，上述观点意味着建议以学生针对"基本现实"的问题开始"输入"为主题。通过提出这样的问题并获得答案，学生获得了对所研究对象的初步主观认识。下一步，启发式对话的方法包括让学生诉诸文化历史类似物，即了解教科书、教具、科学文献中所包含的知识。最后，在比较他的最初理解和文化理论概念

---

① Эвристическое обучение: в 5 т. / под ред. А. В. Хуторского. М. : Эйдос ; Ин – т образования человека, 2012. Т. 2: Исследования.

② *Король А. Д.* Диалог в образовании: эвристический аспект. М. : Эйдос; Иваново: Юнона, 2009. С. 259.

时，学生会发现意见一致与意见分歧（矛盾），结果是学生把所学到的知识重新理解和进一步深化。

启发式对话方法中的学生活动的这三个阶段序列通常由模型问题表示："是什么？"（我们学习什么？），"为什么？"（为什么我的观念不完全符合历史文化现象？），"怎么办？"（文化中如何描述这个客体？）。这可以帮助我们弄清面临的问题不一定是"是什么？"。通过下列问题能得以解决，例如："这个客体属于哪一个范畴？"

这样的问题顺序并非偶然。三段式问题符合科学认识方法论，该方法论也始于从许多对象中选择一个对象，需要描述该对象的属性（"是什么？"），属性产生的原因（"为什么？"），最后找出特定属性之间的联系（"怎么办？"）。①

遵循这种逻辑，不仅是科学家，任何人都会增加找到正确答案和深入答案的机会。实际上，向学生介绍这些方法论，就是我们教他们如何正确提出问题。此外，模型问题"什么？"已经潜在地包含所有三种类型的问题："是什么？""为什么？""怎么办？"。实际上，为了理解特定对象是什么，我们不仅需要对其进行命名（将其分配为特定类别），还需要回答一些问题，例如，该对象具有什么属性？这些属性如何相互关联？为什么此对象以这种方式"表现"？

在三个模型问题中每个类型都和学生的三种提问类型有关系。第一种提问类型是根据基本的教育客体的认识，实现"学生与教师"的启发式对话（"是什么？"）。教师给学生提出启发式任务，根据课程要求确定关键词，学生在向教师提问时必须考虑这些关键词，教师会解释如何提出问题和提问的顺序（根据基础的三段式）。在三个问题组中每个问题要根据模式进行深入分析，而不是仅从字面提出

---

① *Король А. Д.* Диалоговый подход к организации эвристического обучения // Педагогика. 2007. № 9. С. 18 – 24.

疑问。

第二种学生提问类型是学生和教师形成对话的片段，证明或反驳教师的命题（"为什么?"）。

第三种学生提问类型是学生为了证明或者反驳教师的命题，形成问题（"怎么办"）。

学生向基础教育对象提出问题"是什么?"有助于学生创建主观教育成果。

证明或反驳"怎么办?"在将主观教育成果与文化历史相近成果进行比较时充当学生的工具。

陈述的同时证明或反驳是对话的一部分，是完成启发式对话"为什么"任务的方法，是学生将自己打造成为通识人才的工具。

这种学生的对话活动是启发式教育系统的基础，基于思想目标和内容（启发式作业的结构和内容、启发式课程、创造性指导的训练班和项目、教育标准、启发式的教学方法文献、评估学生启发式活动的对话标准）及过程和技术方法（实现启发式对话的形式和方法）进行对话。

以对话为基础的启发式学习模型的实施系统以下顺序为前提，即在主要教育阶段上控制问题组：方法论问题组中的"是什么?"对应于小学，中学对应"为什么?"，高中对应"怎么办?"（通过适当的提问方式，学生收效显著）。

通过在不同阶段的启发式活动中创造性培养学生得出以下结论：交际能力、教育方法和信息技术对于启发式教学都具有重要意义。通过研究培训中的教师在事先不知晓答案的情况下能够跳出固有思维，从而得出同样可以为学生创造条件组织个人的教育轨迹。[1] 它不仅适

---

① *Король* А. Д. Моделирование системы эвристического обучения на основе диалога: дис⋯. д - ра. пед. наук: 13. 00. 01. М. ，2009. С. 392.

用面授教育，而且在网络论坛、聊天室和电视会议中也能实现启发式教学。组织面授和远程方式进行启发式教育的教学试验涵盖了来自俄罗斯、白俄罗斯和其他独联体国家 110 个城市的约 2000 所学校的创新活动。共有 26782 名各个年龄段的学生参加了该试验。教学试验表明，启发式学习的发展模型有助于有效形成高中生的个人组织能力和创造力，小学生的人格认知和创造力，初中生的认知、创造力和较高的组织能力，同时扩大了启发式学习在大众学校中的适用范围。

启发式教育的内容和结构的外部对话部分能够比自然科学更有效地实现人道主义教育的目标。同时，启发式教育的内容和结构的内部对话部分在很大程度上有助于实现自然科学教育的目标。

教育系统各个年龄段的对话概念确保学生掌握教学内容并建立自己的教育轨迹。这有助于形成新型学生——对话型学生。对话型学生积极地进行比较，并从中产生新事物，即知识、情感、创造力。

第五节 开放性任务中的结构性对话与内容性对话

启发式教学系统的对话性确定开放式任务的结构和内容性对话。[1] 在开放式任务的结构中也有三个关键问题，即"是什么?""为什么?""怎么办?"。问题"是什么?"是在标准框架内定义教育知识对象，包括对学生有个人意义的成分。问题"为什么?"是通过任务的创造性和反思的水平引导学生给自己提出有个人意义的问题。问题"怎么办?"能发现研究的实际客体之间的互相关系，并用对学生有个人意义的内容来填充。

---

[1] *Король А. Д.* Диалоговый подход к проектированию ученического компонента образовательного стандарта // Мир образования – образование в мире. 2008. № 2. С. 271 – 281.

例如，地理作业："如果发生突然的自然灾害，基于该地区的经济、地理条件，想出特定有效的救援手段。"在这个作业中，给学生提议：在发生自然灾害的情况下研究传统的救援手段，研究自己的地形特征（问题"是什么？"），把传统的救援手段与地形特征进行比较（问题"为什么？"）。为了完成作业，学生不可避免地需要创造出全新的产物，就是把众所周知的救援手段与地理特征对比的结果（提出问题"怎么办？"）。

除了启发式任务的内部对话部分（它是必不可少的要素），我们还区分了启发式任务的外部对话部分。它旨在培养学生的技能，例如提出问题，证明、反驳陈述，撰写一段谈话、童话故事等。我们举一个经济学奥林匹克竞赛"向寡头提问"的外部启发式作业的例子（3~5年级）："想象一下，你是儿童杂志《经济》的记者，受邀参加一个经济论坛，俄罗斯最成功的企业家将在这里演讲。写下5个最有趣的问题，即你想在杂志上刊登的问题，并列出可能的答案。"

在类似的外部对话作业（"证明、反驳""争论"等等）中有内部对话和外部对话的某种综合，这是培养学生的创造力的必要和充分条件。

为了研究远程启发式任务的内容中对话部分对学生创造自我实现程度的影响，我们进行了一项远程试验。在该试验中，所有年龄段（1~11年级的学生）参加了各个学科的九届奥林匹克竞赛。评估学生活动结果的标准是：创造力（作品中创造元素的数量，学科领域的整合程度，提出问题、证明和反驳陈述、进行对话的能力等）；认知力（教育成果的深度，学科知识的数量和质量等）；组织活动能力（反思、设定目标的能力等）。

启发式任务的对话部分对年龄较小和较大学生的创造性自我实现程度的影响进行比较分析，其结果具有指示性。试验结果表明，在小学阶段，启发式活动（认知、创造力、方法论）的定量和定性指标的增长动态与高年级学生类似参数的增长动态（线性依赖）相比呈指数增长。很明显，小学生明确表达出的教育增值包括他们争辩自己观点和更成功地掌握课程的能力。大量试验表明，对小学生以外部对话形式进行的开放性作业是一定的"创造力的结晶"，因此这是首要问题。① 但是，随着这种"整体性"被"解码"，在学生的答案中出现了情绪和认知参数的指数增长，这表明了年轻学生对话活动的情感价值背景。

小学生创造性品质的突出特点：情绪化（灵感多，创作情形下的情绪起伏大）、想象力丰富、喜欢幻想。中小学生体验到一种新颖的、与众不同的感觉，对矛盾的敏感性，对创造力的质疑能力，经历内心挣扎的能力，同理心的能力。除此之外，他们会表现出专属于他们的"浪漫"，具有标志性和个性的创造力。②

小学生的个人组织能力（目标设定、计划、反思等等）发展缓慢，与其认知和创造力相比作用微小。

在学年年末93%的小学生提高了他们的反思性判断能力。下面我们举几个例子。

娜塔莉亚·波波夫，一年级小学生："我做出了以下总结：每个人都需要了解历史，并且只需要做好事，因为明天过后之前的每天都将成为历史！无论对我还是对其他人（我的同学们、老师们），这都是很重要的。"

亚历山大·索博列娃，三年级小学生："我了解到通过普通作业会有极有趣的发现。"

---

① *Король А. Д.* Диалог в образовании: эвристический аспект. 2009. С. 260.

② *Король А. Д.* Эвристический диалог как основа творческой самореализации младшего школьника // Нач. шк. 2008. № 3. С. 17–23.

应当指出，开放式作业在高等教育中也得到了有效利用①。

考虑到任务示例，在多媒体技术的支持下，学生的启发式活动的内容在信息和通信领域获得了最高的效率。例如，论坛、聊天工具和其他网络交流方式为展示和比较学生的教育成果提供了机会，扩大了教学技术的使用范围，使他们达到了更高的水平。② 我们介绍一些高中生的反思性命题。

       维纳斯·加卢斯蒂安，八年级高中生（完成俄语的开放式作业以后）："我从不同的角度反思了这一学科。根据学校大纲的枯燥课程，需要把漏掉的字母填上和标上标点符号，生动的单词看着我，意味着我赐予了这些单词生命，给它们情感，使它们产生情绪，语言活跃起来并开始说话。这门学科原来是很有趣的，而且搞科学真的很有意思。"

       叶卡捷琳娜·苏哈诺娃，十年级高中生（完成物理的开放式作业以后）："在典型的物理课上，我们主要是学习公式，解答习题，而我对这个不是特别感兴趣。不过我真想要学习一些不寻常的、新的事物！进行实验像一条红线贯穿于每个奥林匹克物理竞赛的习题，它们要求独特的创造力。我必须认真地思考一些练习题。通过这个方式，我能锻炼出创造力。创造性地学习，从不同的角度来看熟悉的事物，并最终检验自己的知识和非标准思考的能力，这超出了教育的范围。"

---

① *Король А. Д.*, *Снежицкий В. А.* Эвристика и телекоммуникации в медвузе: «свое» – «чужое» в обучении // Выш. шк. 2012. № 3. С. 26 – 29.

② *Король А. Д.* Информатизация образования и общение в школе // Педагогика. 2011. № 7. С. 61 – 65.

第六节　启发式对话教材：问题与展望

教科书是教育环境的一部分。据安德烈·胡托尔斯基所说，教育环境被认为是"学生的自然环境或者人造的社会文化环境，包括各种教育条件、方式和内容，能够确保学生的生产活动及其发展"①。

多元文化教育环境的多种性质和单元的教育主体（学生）之间存在两个主要矛盾：第一，同一个学生掌握各种知识，即不同文化的信息来源（多元文化的知识）之间的矛盾；第二，多元文化的学生和单一的基本教育成分组成（标准）之间的矛盾。在设计以人为本和文化导向的教育过程中，这两者均属于关键矛盾。

传统的以知识为导向的环境假设多元文化知识对学生完整的、不可分割的世界产生了单方面的影响。在教育的主要结构组成部分（思维、目标、内容、教育形式）中，独白占主导地位，教师的外部影响不考虑学生的个人特征和潜能，优先考虑其内心世界。

当学生的反应给多元文化教育组成部分带来挑战或影响时，相反的过程似乎是合乎逻辑的。这个优先事项使我们能够考虑启发式对话部分在教育材料的结构和内容中的重要性。该部分的方法论和教学"单元"是学生的问题。

为基于对话的启发式学习系统建模②确定并实施了一种新的教科书设计方法，涉及改变其结构、内容和形式。对话教科书的结构包括不变的对话部分（使用一系列问题证明陈述、驳斥问题、对话片段、

①　*Хуторской А. В.* Современная дидактика: учеб. для вузов. СПб.: Питер, 2001.

②　*Король А. Д.* Эвристическое обучение как средство индивидуализации образования. Метод эвристического диалога в обучении // Нар. асвета. 2013. № 10. С. 10 – 13.

科学家和思想家的对话）和可变部分，其中涉及学生创造自己的教育成果。应该强调，"对话教科书"并不是新的概念。作为"非启发式"对话教科书的例子是亚历山大·库图佐夫的《文学世界》①（面向5年级学生）、弗拉基米尔·杰诺索夫《二十世纪的俄罗斯文学》②（面向11年级学生）、纳杰日达·斯托罗热娃的《识字课本》③和其他一些教材（6年级小学生的《自然科学》，作者是乌沙科夫；5年级小学生的《数学》，作者是列夫·谢福林④）。这些教科书的内容介绍了对话形式，例如，卡利尼奇教授和小学5年级男学生普罗神卡的对话。

这些教科书的主要原则是科学性，考虑了发展心理学的特殊性，组织了与学生的对话，展现了演讲的魅力。还应注意，他们使用了各种发展性教学技术。但是，我们认为，教科书在发展性学习系统中，问题学习没有包含足够的"质疑"成分，而"质疑"成分恰恰是建构学生自身教育路径的必要要素。

例如，在乌沙科夫的对话教科书中学生的问题与答案的比例是1∶47，而在启发式的对话教科书中类似的比例是39∶1。⑤

在许多对话教科书中，尤其是在发展教育体系中，有必要组织学生独立工作。但是，这项工作不会妨碍学习的意义、目标和学习内容的投射。

---

① *Кутузов А. Г.* В мире литературы: 5 кл. М.: Дрофа, 2003.

② *Агеносов В. В.* Русская литература XX века: 11 кл.: учебник: в2ч. М., 2007.

③ *Шеврин Л. Н.*, *Гейн А. Г.*, *Коряков И. О.* Математика: 5кл.: учеб. - собеседник. М.: Просвещение, 2001.

④ *Сторожева Н. А.* Букварь. Минск: Нар. асвета, 2008.

⑤ *Корольо А. Д.*, *Маслов И. С.* Диалогические принципы проектирования учебника // Современный учебник: Проблемы проектирования учебной книги в условиях модернизации школьного образования: сб. науч. тр. /под ред. А. В. Хуторского. М.: ИСМО РАО, 2004. C. 51 – 56.

教科书短语手册中提出的任务并未系统地用于培养学生设计自己教育路径的技能。例如，没有确定学生的教学目标，没有布置组织反思活动的作业。换句话说，与基于学生和外界的启发式对话的教材相比，建立学生教育路径的过程本身就不够系统。学生教育路径的主要成分是目标设定、反思以及和其他学生的教育成果进行比较的能力。

综上所述，对话存在不同的类型，即传统对话和启发式对话，所以这会影响到学生的个性化程度。

安德烈·胡托斯科伊的《世界学》是典型的启发式教学参考书，其分为 7 章 28 节，有 197 个作业和课程主题的问题。关于学生活动的自我认知问题 57 个，在每节末尾把问题分组；在每章末尾列有做每章总结的作业（一共有 17 个），关于学生完成工作的自我评估作业 20 个，总结工作的作业 8 个。

《世界学》教学参考书的作业和问题的总量是 299 个（197 + 57 + 17 + 20 + 8 = 299）。其中，和实际的自然客体有关系的学生活动是 174 个作业，占总量的 58%。要求学生创造自己的（和这个教材的内容不一样）知识的问题和作业的总量是 282 个，占问题总量的 94%。

启发式手册中的信息材料约占其总量的 30%，其中包括说明性解释（3%）和同龄学生的创造性作品。[1] 同时，在《世界学》中，学生的问题、对话和访谈数量所占的百分比，不超过《对话中的生物物理学》启发式教科书中相同问题所占百分比的 15 个百分点。对于创造活动的体验和学生与现实的情感价值关系的体验不够有效。

启发式对话教科书的实质部分是其中存在交流空间。独白的百分比降低，同时课本的对话空间增加，这使学生有可能通过许多教学机会实现创造性自我：用专门的表格写下问题（目标设定阶段），把自

---

① *Хуторской А. В.* Дидактическая эвристика. Теория и технология креативного обучения. М Издательство МГУ，2003. С. 416.

己的对话片段作为概括的教育成果（教材内容的可变部分），和科学家、思想家一起参与辩论。教科书的对话性质保证了学生教育成果的比较，表征了他们的情感价值、反思、形成创造力的成分特征。对话允许人们比较几种观点，培养从多角度来看教材问题的习惯。

启发式教科书内容中信息交流空间的主导地位使它的结构发生变化。显然，类比的文化历史的独白文本所占百分比的减少必然会引起课本对话空间百分比的增加。因此，在对话教科书中"学生—教师"被赋予了基本教育对象及其文化历史类比的角色。

除此之外，给学生机会把对话安排在课本中作为和其他学生教育成果进行比较。

显然，所谓的电子教科书，正逐渐地占领教育领域。例如，学生可以在其中放置自己的教育成果，通过链接来组织和参与讨论，并有效地使用教育和科学资源。与瑟勒斯坦·佛勒内系统中的卡片和色带相比，对话式电子教科书的交流空间更为有效。

另外，应该指出的是，在学生创造性自我的实现过程中，不仅学生的问题本身起着重要的作用，而且教育文本的对话成分（启发式任务）的顺序也很重要。这里所指的是课本中具有启发任务的对话式证明与反驳。此顺序对于学生创造机会来设计自己的个人教育轨迹具有决定性作用。①

在教科书中提出问题、从特定顺序中选择问题的能力不仅有助于教导学生提出问题，而且还有助于其形成将已知与未知分开、设定目标并反思自己的能力。总而言之，对话教科书有利于培养学生个性的启发性素质，即创造力和组织能力以及建构个人教育轨迹的能力。

---

① Эвристическое обучение: в 5 т. / под ред. А. В. Хуторского. Т. 2: Исследования. М. : Эйдос; Ин - т образования человека, 2012.

　　启发式对话教科书不仅可以有效提高学生进行创造性活动体验，而且还可以帮助学生设计与构建自己的教育轨迹。

　　我们接下来更详细地研究启发式对话教科书的主要内容和结构要素：

- 作为知识分化与整合统一的对话是教材的主要内容；
- 教学信息内容的价值情感要素；
- 确定学生创造新知识的要素；
- 学生在教学认识活动中反思的要素。

　　教科书中学生的问题通过认知、道德发展、情感价值、创造力、个性特征及反思性要素等内容来体现。

　　启发式对话作为不同方面（心理分析、文化历史、教育等）的整体而有区别的对话，能够克服多元文化教育环境与基本教育之间的矛盾。在这方面，对我们而言，发展和引入这种教育信息呈现形式似乎很重要，其中包括对话与综合材料有机结合形式。这种材料叙述的整合和对话形式的综合具有多种优势。

　　第一，这种教科书中的对话可以教会学生提出问题，证明或驳斥对话者的观点，以及与他人一起开展团队合作。这里所指的是学生的交际能力的发展。

　　第二，教科书中的启发式对话促进了学生的教育和认知能力发展。学生的问题作为学习的工具，而学生独立学习新知识的有效性取决于学生如何利用该工具，二者相互联系：提出问题的能力和已经吸收的知识密不可分。

　　第三，理科与文科的融合有助于促进学生形成完整统一的世界认知。

　　第四，以对话形式提供的知识具有生动性，学生可以更好地学习和认识每个科目，并与其他学校科目进行对话互动，使用比较法、综合类比法等来掌握难以理解的科目。

模型问题组的基础三段式（"是什么？""为什么？""怎么办？"）体现在启发式课本作业中，包括以下部分。

（1）目标设定。向客体提出问题。

（2）基本的教育客体。例如，图画、课文及作业的形式。

（3）展示学生的主观教育成果的能力。

（4）开展文化历史类比分析的对话。

（5）在成果展示和成果比较阶段的交流能力。

（6）教育反思。建立对话和开展对话的能力。同时证明和反驳学生（教师）陈述的能力。

例如，《对话中的生物物理学》作业要求学生至少提出五个问题。按照图中信息填写表格，区分出已知和未知内容（见图 2-1、表 2-1）。

导函数与函数的微分是现代文明的特殊数学符号

关键词：

函数，导函数及其功能，导函数的微分

图 2-1　《对话中的生物物理学》中的第一个作业

只要数学法则反映实际情况，它就是不准确的；只要数学法则是准确的，它就不反映实际情况。

——阿尔伯特·爱因斯坦

无穷大必须完全排除在数学推理之外，因为在无穷大的过渡中，就是从量变到质变……

——伽利略·伽利雷

表 2 - 1 　以问题形式设定目标的练习和课文练习的例子

题目	知道	不知道
①什么能联想起无穷		
②什么是无穷小数与无穷大数		
③导函数及其在医学中的使用		
④函数的极限		
⑤其他		

　　完成填表以后，通过七个或者八个问题看看有哪些是不会的。下面的表 2 - 2 中有"关键词"，它们帮助你提出问题。

表 2 - 2 　以问题形式设定目标的练习和课文练习的例子

什么？ 在哪儿？ 什么时候？	这是什么意思……
如何？ 哪一个？	有何功能…… 有何影响……
为什么？ 是否？	要是……会发生什么…… 是否能做出最后决定……

　　由于这种已知与未知的分离，学生进行了深入的反思性分析，确定了学习该主题的目标。

　　启发式教学的主要原则之一是教育内容的元主题原则。由于超越了学科的界限，我们可以从一个不同的，甚至是完全出乎意料的，有趣的视角来看待具有心理学、文学和社会学特征的教育材料。基于已编写的教科书（《对话中的生物物理学》、《医学和生物物理对话课程》、17 个启发式远程课程的培训模块材料），我们对通过教学试验列出的设计和使用启发式教科书的原理进行了测试。[1]

在对话文本中，为学生提供了各种独立完成的实际任务，目的是培养学生独立创造和获取知识的技能，以及证明或驳斥对话者观点的能力。

例如，实践作业：

（1）思考作业；

（2）学生根据以前的知识来创建自己的创新成果的任务；

（3）通过启发式问题的顺序进行论点的证明或者反驳；

（4）相互比较多个文本片段为学生创建类似的任务。

应当着重指出，在从传统的作业（列举特征、填表等）逐渐过渡到使用一系列问题证明或反驳初始任务的过程中，大部分反驳（证明）作业包括"提问"这一关键环节。根据主要的认识阶段，每一项作业和一定的问题相互关联。

例如，实践作业：

（1）证明或者反驳，古希腊人颂扬的人与周边世界的美丽概念和意志（弗里德里希·尼采和亚瑟·叔本华的哲学）有紧密联系；

（2）通过一幅图画描绘出来这个联系。

提问的关键：

能否认为美丽是完善、绝对且不需要补充的？（"是什么？"问题组）

---

[1] *Король А. Д. Биофизика в диалогах. Ч. 1. М. : Эйдос, 2006. Версия 1.0.1, 3 Мб. ; Его же. Диалогический курс медицинской и биологической физики. Ч. 1. Гродно: ГрГМУ, 2004. С. 174.*

是否意味着美丽是一种静态？（"为什么?"问题组）

是否能肯定地说，意志是一种动态？（"怎么办?"问题组）

如果是这样，那么说……是正确的吗？

在构建和撰写学校教科书的结构和内容中使用启发式对话是学生创造性自我实现的综合基础。知识的概念也是如此，这与每个特定的学生都息息相关。因此，教科书不是智慧的全部，而是通往智慧教育之路的"路线图"。

第三章

启发式教学对话方法

我们研究了基于对话的启发式教学内容的主要组成部分，即教育标准、作业和教科书。现在让我们研究回答"如何教学"这一教学方法问题。

可以肯定地说，不会有效对话的人在生活中很难成功。他们不知道如何将已知与未知分开，如何在活动中设定目标，如何选择所必需的方法以及对所做的事情进行反思。因此，培养学生进行各种对话的能力是现代教育最重要的任务之一。教导学生不是单纯地提出问题而是系统地培养其提出问题的能力，并形成认知能力和创造力，进而能够提出建议和开辟独具特色的职业和生活道路。

在大多数学校中，教师的独白仍然主导着课堂。遗憾的是，独白教学对个人发展的贡献很小，理解的深度取决于学生对教育材料的理解程度。深刻的知识总是通过人的内心世界的充实而获得。独白教学的一个显著缺点是不利于启发式品质的培养，包括：认知能力（记忆、注意力、思维）、创造力和组织活动能力（设定目标、计划、反思的能力）。同样的原因使学生在教育过程中的主观参与性非常弱。在这里学生并不是主体，因为标准的教学法并没有考虑到学生可以设定教育目标，选择最佳学习节奏并反思自己的行为。是什么阻止了教师从独白转向对话？源于教育方法学"经典"："教师讲——学生听""教师问——学生回答"。

第一节 传统的教学对话

对话为获取更多和更深入的知识开辟了道路。在学习对话或教育对话期间，输入信息并进行互动和感知，使教育过程的主体（教师和学生、学生和学生）可以交换信息，同时在人际交往中相互影响。

其中"教师与学生"教学对话的明显优势是为学生提供掌握新知识、开辟科学视野的机会，不仅可以深入研究科学题目，而且可以超越主题。这里所指的是教育对话的跨学科功能。除此之外，对话的情感性会使学生的某些心理认知能力增强，如学生的记忆力、想象力、思维能力。

在"教师与学生"教学对话中学生经常被迫模仿教师，这对教学起消极作用。原因是在对话中教师占主导地位（学生仅遵循老师的逻辑）。教师确定自己的课程目标时，在对话中引导学生得出既定的结果。当然，"教师与学生"教学对话会促进学生创造完整的教育成果，不过对教师来说，这是已知的结果。同时，由于教师总是有进行对话的总体计划，因此学生的个人兴趣逐渐淡化，没有延续或发展的趋势。①

传统的教学对话由于教师的主导地位而具有独白的性质，并不能完全有助于揭示学生的个人潜能和自我实现。

---

① *Король А. Д.* Диалог в образовании：эвристический аспект.

第二节　学生提问——学习新事物的途径

伊曼努尔·康德写道："提出合理问题的能力是具有智慧与洞察力重要且必要的标志。"①

　　在"启发式"或"反向"对话中，学生提出"合理的问题"的教学得到了最充分的发展。启发式对话被认为是一种"学生与教师"的对话，通过提问来学习新事物的主动性属于学生，而不是老师。

与传统对话相比，启发式（反向）对话着重于学生的提问。现代哲学家瓦基姆·梅茹耶夫认为，个人建立对话关系的主要条件是互动中的两个参与者都拒绝提前认识真理。②
　　启发式对话的方法基于学生在提问的每个阶段向教师（教育环境）连续提出问题：目标设定、启发式情境、教师论点的证明和反驳、反思活动。启发式对话方法培养了学生在教育认知过程中提出问题的能力，使教育过程充满了创造性和交流性（包括对互联网资源和技术的使用），给学生提供了学习动机。
　　学生的问题不仅是其认知活动的指标。学生的问题结合了知识（任何问题都应基于已知的知识）、反思（要提出问题，首先需要了解问题的内在动机）、创造力（提出一个问题需努力将未知与已知分离，并以对话者可以理解的形式提问）和情感（在问题中表明提问

---

①　*Кант И.* Критика чистого разума. М. : Эксмо, 2008. С. 95.

②　*Межуев В. М.* Диалог как способ межкультурного общения в современном мире // Вопр. философии. 2011. № 9. С. 65 – 73.

者对他感兴趣的主题的个人态度）。①

应当指出，在大多数情况下，学校忽视了这种教学方法的潜力。毕竟，每个人都有求知欲。为什么不发扬求知精神，通过在文化中积累的提问经验，引导学生掌握正确的提问方法？

这里可能会出现合理的反对意见：学生并不总是对教学大纲中的东西感兴趣。但这是组织教育过程中现有方法的问题。同时，即使在当前标准化教育内容的框架内，也可以弥合儿童兴趣与课程要求之间的"脱节"，即使不能完全弥合，也可以在很大程度上弥合。该问题可以借助启发式对话方法解决，这种方法已经在白俄罗斯和俄罗斯的一些学校中成功地进行了试验。那么是如何解决的呢？

任何研究现象（过程）都有两个方面，即真实的一面与理想的一面（共同构成所谓的基础教育对象）。真实的一面直接在知识的"主要对象"中体现，包括树、土地、动物、艺术品、举行的仪式；理想的一面则体现为概念、范畴、规律、理论、艺术原理等。传统教学主要侧重于理想方面，用描述代替了现实世界——不是学生获得，而是专家们的准备好的现成的概念和其他理想化的认知产品。结果，学校教育只给学生留下了很少的空间来形成自己的世界观。可以通过更改方法来扭转局面：每次开始学习新的学科领域（题目）时，首先要了解"真实对象"。

启发式对话与启发式交谈有什么区别？

• 对学生而言具有个人意义，具有与教育环境互动构建自己教育内容的潜力。

• 培养学生个性的创造力和组织能力。

• 算法化（创造新知识的方法论）。

---

① *Хуторской А. В.*，*Король А. Д.* Диалогичность как проблема современного образования… С. 109 – 114.

● 具有评价学生提问活动的对话参数和标准。

主要的对话的教育能力如下。

● 培养学生沟通、"听"、"闻"对话者的能力，将"自己的"与"他人的"进行比较，在团队中发挥各种社会作用，包容他人的意见，所有这些都促进了现代生活多元文化世界的形成。

● 培养学生的价值导向、看待和理解周边世界的能力，让他们能够认清自己的使命，确定自己活动与行为的目标，能够正确地做出决定。

● 学生开始独立设定教育目标，寻找并使用实现目标所必需的手段和方式，他们能够控制和评估自己的教育活动及其结果。

● 在学习能力的基础上，为提升学生的个性发展、自我实现以及与成年人和同伴合作的能力创造条件。

● 培养学生组织目标设定、计划、分析、反思、教学认识活动的自我评价等能力；确保学生成功获取知识，掌握一些技能，形成世界图景。

● 培养学生形成独立搜索、分析和选择必要信息，组织、转换、保存和传输信息的技能。

● 成年后的学习能力可确保一个人为终身教育、高度的社交和专业流动性做好准备。

为了构建和实现对话教学系统，在合乎人类教育的学术流派活动范围内我们进行了多年的实践性研究。[①]

获得的主要结论之一是：由学生掌握的对话能力是协调个人和国家教育秩序的一种机制。

对启发式对话方法的实施进行的教学试验表明，教学生提出问题和提问活动本身可以使学生发展自己个性的启发性特质：认知力、创

---

① *Король А. Д.* Моделирование системы эвристического обучения на основе диалога：дис⋯. д‒ра. пед. наук：13. 00. 01. М.，2009. С. 392.

造力、组织能力和活动能力。对话能力将引导学生全面开展学习活动。

我们已经以启发式对话的方法开设了一系列远程课程，时至今日，数以万计的教师因此受益，其教学技能得以提升。以下为课程听众的反馈摘录。

整个课程"教学中的启发式对话"使我对当前的教学方法感到不满意！需要在工作中改变自己！同时与前几年相比，孩子们已经不一样了。他们也需要新的想法，需要新的方法！当然，不可能在每节课中，也没有必要在每节课中都采用启发式对话的方法。这根本无法完成！但是，教育孩子设定目标，进行启发式课程的想法值得关注。

——波斯金女士，化学教师

实践作业的发展一方面给了我机会，发挥学生的作用，另一方面给了我尝试以一种全新的方法来开展课程的机会。我的结论是，这种方法能够显著减少"心不在焉的"学生人数。

——特罗什吉娜女士，物理教师

为了让孩子们了解一个新题目，必须教他们提出问题，让他们自己明白，这是什么，为什么和怎么办。

培养他们的思维与逻辑能力，同时，当然，也要提高动机性。

为了掌握启发式教学方法，教孩子们，我们必须自己了解很多事情。为了使课程有益，让学生记住这堂课，我们需要启发式对话。

我们深入研究启发式对话方法：一边反驳错误的判断，一边共同证明正确的判断。谢谢有益的对话，它的确帮助了我们。

——沙曼斯基女士，俄罗斯语言文学教师

　　与所有新工作一样，在开始阶段，需要做很多准备工作，但之后就会越来越少，因为孩子们的问题推动我们发展新方向，把自己的活动具体化。在您的帮助下，我们突然从另一个角度审视了这个问题，探索到了新的工作开展途径。事实上，不是我们在教孩子，而是他们在推动我们不要停滞不前，而要与时俱进。我和自己的孩子们开始进行对话，我想看许多书，重新理解许多的事情。您为我们的工作提供了新的动力。非常感谢您的工作。

——希施金女士，行政管理人

给读者的问题：

上课时学生经常提出问题吗？都是什么问题？
您如何对待学生的问题？

第四章

现代启发式对话课堂

第一节　对话式课堂设计

对话教学这一方式不仅可以解决教育独白问题，而且对其他学科的研究均有重要的借鉴意义。

一　选择课题

在学习新材料时，学生提出的问题会显示出他的兴趣所在，而他的兴趣又往往超出了本课的范围，此时启发式对话是最有效的教学方式。

哪些课题更适合使用启发式对话法教授课程？

启发式对话教学法可以在学科间通用，但针对不同学科使用方法有所不同。例如，在自然科学课程（化学、物理、生物学）中，这些课程需要推导公式，展示图表，进行实践和实验室工作，因此可能需要调整启发式对话的方式。例如，老师给学生（在纸上）证明测量单位偏差的概率，通过推理在图表中找出错误。

包括自然科学在内的任何学科，都需要学生用语言或符号进行推理。

对话教学适用于需要解释新材料、传授新知识的学科。如果主题信息量很大，只需记忆而不必思考，这样的情形下可以减少对话教学的使用。只以传递信息为目的的教学则不必使用对话教学。

建议在学习新知识的课程中使用启发式对话的方法。当然对话教学相关方法（驳斥或论证）可以用在包括小学在内的不同年级和不同科目的课程中。

启发式对话教学可以始终保证达到预期效果吗？

这很大程度上取决于教师本身，包括教师备课的用心程度、对该教学方法的认可程度以及在课堂上使用该方法的频率。当然，如果学生经常提问、开展对话，也将会取得令人满意的效果。

启发式对话教学需要更多还是更少的时间来完成课题？

这取决于研究课题所涉及知识量的多少。另外，更重要的是要考虑学生个人情感和意志的差异。通常情况下，知识量的多少与学生个人综合素质的高低密不可分。那么他们研究该主题需要耗费的时间也不同。

二 设定课程目标

在研究课题时设定目标是学生启发式对话的第一步也是最重要的部分。

让我们来看一个例子。

在生物学课上，教师为一个课题设定了一个目标：掌握人体不同感觉器官的作用。显然，教师为所有具有不同特征、经验、知识和动机的学生设定了一个共同的目标。教师若独自阐述如何设置该课程的目标，将阻碍学生学习该课题时使用创造性方法。在这里，教师只是将他所知道的知识转达给学生而已。

如果我们希望每个学生都能获得自己满意的教育成果并与他人对

话，建立个人的教育轨迹，那么教师不应该设置统一的课程目标，应该为每个学生创造不同的条件，便于学生更好地了解和掌握人体感觉器官的构造和功能。

在设计启发式对话课程时，教师为学生提供机会设定目标是最重要的阶段。这意味着学生的教育目标在他的问题中得到了集中体现。

在对话课中，教师可以邀请学生对正在研究的课题提出问题。这将是目标设定和参与提问的任务，以此作为获取知识的一种方式。

与使用传统形式的设定目标相比，以问题的形式为学生设定目标更加有效。在传统的目标设定中，要求学生从建议的目标列表中进行选择，这些目标是教师认为必要的。在外部设定目标的这种选择不是学生自己提出的问题，而是外部对学生提出的问题，这减少了学生活动中的情感价值成分。通过将已知与未知分离，学生需要进行深入的反思分析。

让我们举例说明教师如何通过提问来组织学生进行目标设定。

在对话课上，教师可以邀请学生就话题、引文、情节、图片提出问题。

在笔记本上写下至少 5 个当你阅读本课题时出现的问题。你将如何回答这些问题？根据你的问题，设定课程主题的主要目标。目标可以是认知性的（"更好地了解……"）、创造性的（"组成某件事……"）、个人的（"这对我的……有益"）。

另一个例子。组织学生在数学课上设定目标的任务，主题为"一个和多个变量的函数的导数"。

在阐述东方文明与西方文明间"数学"差异的引文中至少提出 5 个问题："应该将无限性完全排除在数学推理之外，因为在向无限性过渡时，定量变化变成了质性……"（G. 伽利略）

这是我们开发的远程教学课程"个人教育轨迹"① 中的一部分。主要讨论如何组织学生设定目标。

教师是课程的参与者。上课的教师可以给学生布置他们还不知道该怎么完成的作业。学生读完之后，就会明白他们无法完成。每个学生都会表达自己的意见，为什么这项任务对他来说不可行，有什么知识还未掌握，有什么知识还不了解。学生倾听对话中每个参与者的观点，并与自己的想法进行比较。然后，每个学生都设定一个目标，例如，学习如何完成此类任务，找到完成该任务的方法。

> 课程负责人：
>
> 下午好，伊丽娜·弗拉基米罗夫娜！
>
> 您以一个探讨问题为例，让学生分析，从而引导学生设定目标。最后，它"引导"学生设定目标。但是，这是教学目标的一个例子。例如，一个学生可能会想：我为什么要完成这项任务，了解/学习新东西？也就是说，没有目标设定的个人因素。现在，如果您将这个任务赋予学生更多的个人思考，那么他将更加热情地执行该任务，而不仅为教育目的设定目标。例如，建议不要简单地学习勾股定理，而建议在房间内布置物体，以最大限度地帮助他们学习，并为其解释。这样，学生不仅会设定教育目标，例如研究勾股定理，而且还将理解为什么需要这样做。
>
> 再举一个例子。在数学课上，教师设定了一个目标：组织学生设计一种除多位数的方法。教师设定方向并提问："除法和乘法规则的知识对您有用吗？"

---

① Дистанционные курсы ЦДО «Эйдос» [Электронный ресурс]. URL: http://eidos.ru/courses (дата обращения: 10.11.2019).

通过与教师对话，学生可以最有效地设定和调整自己的目标。这种形式的变化是学生证明自己目标的一项任务。每个学生都在笔记本上写下自己的目标，然后用自己的回答证明为什么他选择的目标更有效。

因此，以提问的形式设定教学目标，这对教师和学生都是行之有效的方法。

三 规划教学情境

组织和开展启发式课程的关键技术部分是创建启发式教学情境——一种自发的或由老师组织的教育压力情境。[①]

教育情境的目的是在专门组织的教学活动中，促使学生能够自发地产出独特的教育成果（思想、问题、假设、见解、方案、试验、文字）。由此产出的教育成果是不可预测的。教师对情境提出问题，设定教学活动，陪同学生完成教学活动，但并未预先设计想要获得的教学成果。

启发式教育情境流程的要素包括：活动的动机，问题的动机，目标设定，情境参与者对问题的个人解决方案，教育成果的展示，它们彼此之间的比较以及与文化历史相似情境的比较，反思结果。

四 设计启发式教学情境的阶段

1. 编写脚本，让学生提出问题。教师向学生解释为什么他们应该向教师提问，怎样问以及以怎样的顺序问更好。

2. 做出令人信服的陈述供学生证明或反驳，并列出学生将从其问题中学到的关键词。关键词必须符合课程要求。

---

① *Хуторской А. В.* Дидактическая эвристика：теория и технология креативного обучения. М.：Изд – во МГУ，2003. С. 416.

3. 研究拟议课题时的问答情境。选择一个矛盾问题，该问题有关键词，然后老师自己设定了必要的问题数量以解决这一矛盾问题。换句话说，启发式对话本身是有计划的，即以教学情境"学生的问题——教师的回答"来驳斥最初的矛盾问题。有必要对学生的问题和自己作为教师的回答做出一个大概的设想，这将以最佳的方式（"最简短"的方式）解决最初提出的问题。

在此阶段，教师必须确定在学生可能提出的问题中哪些是深层次的问题，哪些是延伸性的问题，并将这些定量指标作为评分的标准。在准备课程时，根据通识教育标准的要求，即由学校课程为此课题提供的基本知识和技能，确定提问频次最多的问题。学生的扩展问题可以认为是额外的问题。

4. 在总结课程和评分时确定评估标准。教师挑选出与主题认知相关的问题——是否深入、广泛；是否新颖、独特；是否创新、前瞻。一个有创新性的问题可以深化主题，同时延展到相关主题，甚至"触动"另一个学科的问题。三种类型问题的数量和质量构成了该问题的评估标准。

根据主题的难易程度，根据预先选择的"评分表"——分别是"好""满意""不满意"来评定学生的成绩。评分规则由教师制定，教师有自己的"评分表"，是根据学生的经验和知识确定的。例如，4个认知问题为"优秀"，2个创新性问题为"优秀"。

5. 设置突发事件和为学生提问制造困难。预先评估学生提出问题时可能遇到的困难，这一点很重要。通常，这是从第二个问题（"为什么？"）到第三个问题（"怎么办？"）时发生的。在这种情况下，建议教师准备激发和激励学生提出问题的策略方案。例如，自己问问题并以一些有趣的事实"引导"学生，或者针对特定假设做出自己的假设，并邀请学生以问问题的形式表达自己的观点。

还应该注意的是，如果教师不知道学生问题的答案（当然，在计划期间不可能预见所有事情），那么发现这个学生的问题超出了学科的范围是很正常的。但是，教师可以邀请学生一起思考问题，或者指定学生进行文学方面的独立创作。

6. 设计一个启发式任务，组织学生就所研究的课题进行"平行"对话。教育情境为教学活动提供特定的时间和空间，激发学生个人创新动力，实现教育目标。

五 设计启发式任务

我们以如下对话式授课为例，展示制订启发式任务的各个环节。

第一，根据课程的教育标准选择教育对象，将其作为启发式任务的主要内容。例如，基本概念（点、数字、表格、分子、符号、时间）、学科定义的概念（情态动词、四面体、历史事件、革命、重力）、具体的对象（白桦树、铅笔、钉子、词典、塑料袋、镜子）、规则或规律（分数合并、引力和排斥定律、对立统一原则）等。为完成任务选择的教育项目，可在教学大纲、教科书、任务书或其他教学材料中找到。

第二，确定学生的主要活动类型。例如，用英语阅读、写作、谈话、训练听力。其中每一项活动都包括可作为启发式任务的有效基础的要素。选择与选定对象最相关的活动类型。

第三，记录学生在完成启发式任务时可能产生的教育成果的形式。例如，要求学生提出假设、找出方法、找到规律、编制表格、提出算法、制订大纲、确定概念、设计游戏、画图像。当然，学生将根据第一阶段确定的教育对象设计自己的成果形式，选择使用第二阶段中某种活动类型。

第四，确定学生解决任务的启发式方法。这些方法有时会在作业中以明确的方式加以说明，例如，"为了解决这个问题，请采用双曲法"，但也可以用模糊的方式加以假定。启发式任务可能需要学生自已多次尝试寻求解决任务的途径，例如，"请您提供尽可能多的方法，将单数相加，十位数相加"，或者"请您想出可以确定麻雀飞行速度的几种不同方法"。

第五，启发式任务一般有固定的结构形式。应明确指出任务对象（通货膨胀）、活动主题（美元）、预期成果（确定美元汇率变化规律）和成果的表现形式（提出学生所引用的数值或经济因素相互依存的公式）。

第六，启发式任务的文本拟订应考虑其趣味性、吸引力、通用性等因素。设计启发式任务的方法可以有很多："找到原因""解决矛盾""为什么是这样，而不是那样""为什么没有遵循规律""如果""让不可能变为可能""揭示规律""制订模式""研究真实性"，等等。"枯燥无味"的内容可以用童话故事（《外星人降临地球》《姜饼人遇到比萨》等）、幻想故事或日常有趣情节导入，以激发大家的兴趣。

第七，为启发式任务命名。这里有两个办法：一是先初步确定名称，然后根据任务进行调整；二是首先制定任务，然后寻找最合适的名称。任务名称可同时反映任务对象和活动类型。在制定任务时，要考虑评价任务完成情况的标准，也就是说，要确定评估学生完成任务结果的指标。例如，如果任务是要发现一条规律，评价标准应是：学生发现的相关要素的数量；他们之间联系的原创性，这种联系可以用一个公式来反映，也可以通过学生的描述来表达。此外，总有一个普遍的评价标准，即世界观是否有深度、方法是否独特、是否符合任务设定的条件、结果是否符合预期、结果表达形式是否新颖。

第八，启发式任务由三个部分组成：一是任务设计部分，要营造一种引人入胜的教育情境，例如，如果任务是编一个顺口溜，就要举一个顺口溜的例子；二是任务实现部分，向学生提供其即将开展的活动的基本要素和特点，如编顺口溜的方法；三是成果展示部分，学生需对其任务完成结果进行描述和展示。

前文指出，从启发式教学法及方法论的角度来看，学生以基本教育对象的形式学习现实领域，并形成自己的主观教育成果。此外，将对教育对象主观认知的主要结果与其文化历史相近成果进行比较（对话）。学生启发式活动的第三阶段也是最后一个阶段，是将他自己的教育成果融入通识教育成果中。

因此，学生启发式任务的三个组成部分应反映在制定启发式任务的三个阶段中。

制定启发式任务的第一个阶段是根据该主题的标准和要求，确定通识教育的关键词。在这里，应为学生确定具有重要个人意义的任务要素。

让我们举一个高中地理启发式任务的例子。老师根据标准确定对象列表，如气候、景观、河流、山脉、土壤、植物系，并为学生确定可在作业中使用的个人重要特质，如人的性格、受教育程度、宗教信仰。

然后是制定任务的第二个阶段，其本质在于建立任务的动态平衡。例如，所选对象如何紧密地联系在一起（在第一阶段），又会对哪些方面产生影响。

设计者的活动：确定未来任务中的一个或多个事实（假设、现象等），而且这些事实是已为人们所熟知并被普遍接受的。例如，众所周知，河流会影响气候。

为了方便起见，您可以创建一个连接所选对象的链图。

气候—景观—人的性格—……

或者，最好创建表格（见表 4 - 1），注明已知信息和假设信息，这些信息对于学习者来说可能很重要。①

---

① *Король* А. Д. Педагогика диалога: от методологии к методам обучения: моногр. Гродно: Гродн. Гос. ун - т им. Я. Купалы, 2015. С. 125.

表 4 - 1　高中地理启发式对话教学表格示例

已　知	假　设
气候对文明产生的作用 河流在文化、宗教等方面的作用	气候—景观—性格 气候—宗教

任务设计的下一步是将任务事先确定的标准与对学生个人具有重要意义的对象进行比较。将外部世界的对象（山脉、气候、特点等）与对学生个人特质（性格、习惯、习俗等）有重要意义的事物进行比较，是激发学生开展自我对话的能力。换句话说，在第二阶段，有必要用学生的个人思想来填补学科标准。例如，建议您自己写下以下问题："您所在地区的地理条件如何影响城市的经济发展、居民的心理状态以及现代技术的普及程度等。"

现在按照已完成阶段的创造性反思结构进行构建，应该可以使学生超越之前阶段定义的普通框架。

设计者活动：为学生提出对个人具有重要意义的问题。问题应包括最接近学生的事物：他所在地区的气候、自然、地理特征等。对学生个人而言具有重要意义的问题应使他超越以前任务的标准内容。这决定了任务的创新性、建设性和反思性。

根据该计划，设计者提出的相关问题应该为学生创造一个新的情感认知空间，从而帮助学生从课堂之外获取知识。在这种情况下，学生会很自然地感受到与之前通常情况下的教育对象、主题、学科概念的差异。

对于学生而言，具有重要意义的问题应该包含三组认识论问题（"是什么？""为什么？""怎么办？"）。在这种情况下，学生通过完成作业可以提高知识水平、分析比较能力以及创造性反思能力。

举一个地理学科任务的例子："如果您所在地区突然发生自然灾害，您会建议当地居民做什么？"

答案显而易见：搜索（互联网、图书等）所有必要的传统措施、防护方法。

再举一个关于学生处理应急状况的能力的例子："根据您所居住地区的经济和地理条件，列举一下当突然发生自然灾害时对该地区进行救援的至少三种最有效的方法。并说明先后顺序。"

在这个问题中请学生考虑：采用在野外自然条件下的传统救援方式与其所在地区的特殊性；应将传统的救援手段与其所在地区的特点综合分析；制订救援方法和措施。[①]

以下是对一位俄语教师在设计开放式任务研讨会上提出的一项开放式任务的分析。

"词的迁移。最近，许多俄语单词消失了，并且借用了外国单词来代替它们。您认为为什么会出现这种情况？您认为在接下来的 200 年中哪些单词会消失？请证明您的答案是正确的。"[②]

任务说明示例：

1. 可以将句子"您认为为什么会出现这种情况？"复制，在文学、互联网、文化研究和哲学资源中找到答案。

2. 在任务中，您可以增强个人意义。例如："分析您自己一个小时的语音，总结您都使用了哪些外来词？"

3. 建议增加学生使用样本的数量——不仅要引用口语中会消失的单词，还要指出将出现哪些新单词。

我们以"跑着去听课"的教学法任务为例。众所周知，在大学

---

① *Король* А. Д. Эвристический диалог как основа творческой самореализации
младшего школьника. 2008. №. 3. С. 17－23.

② *Король* А. Д. Эвристический диалог как основа творческой самореализации
младшего школьника.

中开展的讲座，其出席率不会总是百分之百。但我们可以通过调整讲座相关安排，使学生感兴趣并改变出席率。

研讨会负责人对任务的评论：

"什么是讲座?! 这是教师以一种便于学生理解的形式进行的信息传递。讲师的经验和传达信息的能力可能有所不同，但讲课仍然是针对具有不同培训和经验水平学生的信息传递。想象一下，您被安排去做一次演讲。请制订并提供讲座的结构及基本内容，这将最大限度地确保学生的参与度以及演讲的有效性。请关注讲座的每个细节。"

因此，这是一个简单的道理——数量决定质量！这就是意识、思维方式乃至学生世界的面貌发生变化的方式。

——雷布金，俄罗斯兹拉托乌斯特市第 25 中学历史教师

第二节　对话式课堂实践

一　开始课程

课程的第一阶段。如果这是学生第一次遇到这种组织课程的形式，则必须首先为提问活动做好准备。为此，教师需要告诉学生在认知过程中可能遇到的问题、他的优势以及方法的"工作原理"。在这里，对于教师而言，重要的是要传达给学生意识，无关年龄，询问的信息是使人在现代世界中得以成功的强大武器。教师不仅要向学生解释提出问题的含义和这种活动的益处，而且还要解释说明问题也是答案的一种形式，评估标准是问题的数量和质量（类型）。

使用启发式对话为学生准备课程可能需要花费一节课或半节课时

间，这取决于学生的准备程度。

教师用基本的三联问（"是什么？""为什么？""怎么办？"）解释如何提问以及以什么顺序提问更好。同时，教师须事先提醒学生，如果违反上述顺序提出问题，那么教师还将用问题（反问）回答学生的问题。教师反问的次数是评估进行启发式对话能力的标准之一。

关于启发式对话方法的第一课可以完全专注于方法的本质，随后的课程可以从一小段介绍性语言开始，这是一个新主题的开场白。

——雷布金，俄罗斯兹拉托乌斯特市第 25 中学历史教师

二　开始对话

教师邀请每位学生尝试以问题的形式自己设定课程目标。

通过这种将已知与未知分离开来的方法，让学生进行深入的反思分析。

课程的第二阶段是根据教师的教学计划进行启发式对话。

首先，教师向学生提出问题并将问题中涉及的关键词提供给学生。例如，在专门研究摆针摇摆规律性的物理课上，教师"设置"了一个问题："为什么摆针随着时间的延迟而停止摆动？"并在问题中写下关键词：数学摆、速度、加速度、阻力、能量。所有这些概念，学生必须在提问的初始阶段（"是什么？"）自己的问题中揭示。这是认知的基础。

实际上，从这一刻开始，启发式对话就开始了，学生按照三联问的原则提出问题（"是什么？""为什么？""怎么办？"），然后教师给出答案。

为了使问题不成为同一类型，首先，教师应该帮助学生，借助相

应提示句型展示各种现有形式的问题。例如，"应该用……理解""我们如何描述概念……""我们在哪里可以遇到……"。

让学生思考关键词，包括从他们对"真实物体"的角度考虑（有时，为此教师要制定一项特殊任务）。在这种情况下，学生可能会有以下问题，生活中（自然、社会）是否存在数学钟摆的例子？如果不存在，我们能否在生活中遇到类似现象？因此，启发式对话的方法有助于深入思考正在研究的现象本质，并了解抽象模型背后的现实，而不会与课程设置相冲突。

随后，当学生熟悉这种学习新材料的方法后，可以调整和简化此阶段。例如，每个学生将自己的问题写在纸上，然后大声朗读，或将其发布在网络论坛上（远程函授课）。

在这个阶段，学生开始了解调查现实领域，即真实的教育对象。该阶段对应于"是什么？"。

课程中的现实领域是波动现象，过程的周期性是日常生活（自然、社会）中发生的事情。单摆是这种现象的特例，即"反射镜"。单摆是科学基础领域，而不是实际对象。因此，这增加了在教室中使用启发式对话方法的可能性，并且与课程大纲不产生矛盾。

教师最常见的问题：学生如何从问题"是什么？"过渡到问题"为什么？"以及问题"怎么办？"；学生自己知道什么时候应该过渡，什么时候需要教师引导他们。

如果是第一节课，那么教师应该告诉学生，第二阶段（"为什么？"）已成功完成，有必要进入最有趣、最有创意的阶段——"怎么办？"。如果班级已经以这种方式学习新课题，那么教师就不需要这样做，学生将自己理解甚至感觉到何时有必要进入下一阶段。

三　如何克服学生的困难

当从第二阶段问题（"为什么？"）向第三阶段问题（"怎么

办？"）过渡时，学生经常会遇到困难。

教师必须学会应对这些困难，以便成功地利用启发式对话方法。

让我们以其中一个课程为例：学生在启发式对话中了解的作为新含义诞生的"力学"。

学科：物理。

课题：放射性衰变现象。

老师最初的观点：在所有四种形式的物理相互作用中，核子是最强的！那么为什么原子核会碎裂？

老师的问题：

让我们试着从完全不同的角度来看待原子核的衰变过程。著名的数学家和物理学家罗杰·彭罗斯证明了这样的假设，即人的意识是基本粒子辐射的叠加效应的结果，由大爆炸形成。事实上，根据罗杰·彭罗斯的假设，我们意识的本质在于粒子物理、量子力学。

实际上，我们正在谈论一个事实，即微观世界的许多基本原理会反映出我们无意识的此类自然现象的内容，例如古代民族的神话、童话故事。例如，让我们回顾一下，在渔民和鱼的故事中，原子核衰变和渔民所有欲望崩坏的关联。老人为什么最终陷入了沟谷？

学生A："因为我想要很多，更确切地说，是因为贪婪。那么，我们能否回答一个问题，即从童话的角度来看，如果核子力最强，为什么原子核会衰变呢？"

老师："您是说核力量体现了人类的贪婪：拥有的越多，想要的就越多？实际上，原子核吸收的质子和中子越多，'硬化的'原子核的核子力就越强。似乎没有什么能阻止它们，毕竟，它们是最强的！"

学生B："是的，但是原子核中存在的核子越多，它们之间的排斥力就越大。这并不能解释核衰变的原因——最初，核子力仅随着核中核子数量的增加而获得更大的'强度'。"

学生A："但是原子核的体积会变化吗？"

老师："当然。"

学生A："那么，衰变的原因应该在于核子的数量，因此也取决于它们之间的距离？"

老师："完全正确。核子力量有所增加，但其作用距离却有所减少。因此，核子力被称为短程的，库仑力被称为远程的。"

学生A："这是否意味着有一天，当原子核的体积增加太多，使得粒子间的距离不允许'无节制'的核力量起作用时，不可避免的'报复'就开始发生了——原子核从弱粒子的作用中解体了？"

老师："完全正确。从这种现象可以得出什么结论？"

学生C："贪婪有其局限性。"

学生D："每种力量都有其自身的局限性。没有什么是绝对的。"

学生E："如果你赢得了一些东西，那么你也会输掉一些东西。"

学生A："'远程的'一词能用'有远见'代替吗？"

老师："有远见是思想和意识的特征，可以预见未来。"

学生A："但是既然您说量子力学与无意识之间存在关联，那么为什么我们不能说预言、预见与微观世界有关呢？"

学生C："如果人类的无意识与微观世界的物理现象之间存在某种联系，那么可以说自然定律与人类社会的定律有很多共通之处吗？例如，大爆炸之后宇宙中新物体的出现是否可以与人类社会的历史类比？"

老师："这个想法很有意思，但是在科学发展的现阶段还没有数学上的证明。当然，并不排除这种可能性。"

学生 B："如果根本没有质子，而是中性粒子，那么核子力量将根本没有'竞争者'吗？那么，随着核子数量的增加，核子力只会增加而不遇到排斥力，核的半径会减小，因此核密度会发生什么？"

老师："核密度将无限扩大。例如，宇宙中所谓的中子星仅由中子组成，它们的质量是巨大的！一个很小的中子物质的质量约为 1010 吨！因此，由于重力而具有巨大质量的此类物体能够吸收其周围的所有物体。"

接下来要讨论的是：当原子核衰变时，原子放射出电子。这是第三阶段（创造性、反思性）的过程延续。

学生的问题：是否可以考虑带正电和带负电的基本粒子，它们的相互作用反映了善恶之间的斗争？

学生："在一本心理学书中，我读到，对于孩子来说，童话中所有人物都分为两种：好和坏。而且，如果性格是好的（善良、有同情心、勇敢），那么肯定是美丽的。如果性格不好（邪恶、阴险、残酷），则必然是丑的。从这种现象的角度来看，我们可以认为世界上的美丽与丑陋是平均的吗？善与恶的相互作用变成了什么？"

老师："天体物理学家知道所谓的重子不对称，这是基于某些玻色子比其他玻色子更容易衰变这一事实。这通常意味着质子比反质子或电子的质子衰减更多。也就是说，每个质子有十亿个光子。让我们回顾一下，通常宗教故事中善恶斗争的胜利者都是好人。"

在上面的示例中，教师通过与人类（心理学、人类学）和社会

（文化研究、社会学、历史）的起源进行类比，对核反应过程设置了不同观点。这是对主题进行了超出上下文范围的扩展，结果是学生对核过程有了更深入的了解。

启发式教学的基本原则之一是教育内容的跨学科原则。换句话说，老师激发问题的范围越来越广（在我们的特定示例中，这与人文科学知识领域类似），将研究得更深入：物理本身和人文科学知识领域。这是通向综合课程的直接途径。

为了更深入地了解该方法，列举一些教师的常见问题及其答案。

问题：您如何让学生提出问题？哪些方法可以帮助激起学生提出问题的需求？

回答：制造教育压力、问题情况，提出创造性的问题，并在任务（课程的游戏组成部分）中展示两种相反的观点。这个问题应该具有情感价值功能并出乎意料。因此，教师对学生使用具有情感价值、重大个人意义的作业，是激励学生开始提问的方法。

启发式对话方法的激发机制是内部动机优先于外部刺激。

问题：如何避免学生使用模板问题？

回答：学生对模板问题的提出是教育系统本身繁殖性的结果，即只有老师自己讲，为学生提供需要吸收并复制的信息，为明确提出的问题提供答案。

学生提出非模板问题的方式取决于他的创造性自我实现的程度。换句话说，对话教学要比独白教学更容易培养学习者提出问题、开展有效的对话的能力。关于教育对话主题的研究结果也证明了这一点。[1]

---

① *Король А. Д.* Диалог в образовании: эвристический аспект. М.: Эйдос; Иваново: Юнона, 2009. С. 260.

问题：如果学生根据模板提出问题，那么可以通过什么方法建立他对"提问"活动的需求？

回答：在第一阶段（问题"是什么"）的方法中根据模板进行提问。学生学习基本概念的含义。实际上，这是三个阶段中最刻板的问题，即对物体的认知阶段。一种适应的、平滑的、可以延展和有创造性的对话。如果学生学习认知方法不可避免地要从模板开始，那是没有错的。第二阶段（问题"为什么"）是反思性的，即在这个水平上，学生提出非标准的问题。该方法在课堂上的使用会导致模板式问题的数量减少。

问题：教师能不能回答所有学生的问题？

回答：教师必须规范提问过程。如果有很多问题，则只需要讨论那些能够解决最初提出问题的方法即可。

我们在基本问题的基础上考虑过的学生与教师之间的启发式对话的特点是对话参与者互动的连续性（共时性）。随后对学生提问的类型——学生对教师的观点进行证明或驳斥的阶段，草拟一段对话或同时对同一观点进行证明或驳斥——异步交互（对话不是实时进行的）。该方法的这一阶段，如证明和驳斥可以异步进行，也就是说，可以作为家庭作业。

四　熟悉文化历史相近成果

课程的第三阶段。在学生问完所有他们感兴趣的问题并获得答案后，就该学习文化和历史中的相关知识，并与之进行比较。在此阶段，教师下达任务让学生阅读教科书的相应部分，或者亲自讲述课程中（通过先辈经验、研究发现）已为人知的部分。

比较总是以活动为前提，因此，接下来的活动是启发式对话的核心部分，证明和反驳是最有效的方法，这也就回答了"怎么办"这一问题。

在这个阶段，学生形成了启发式问题的"链"，可以证明或驳斥教师提前准备好的观点。在我们的案例中，请学生证明以下观点："在一个孤立的系统中，钟摆的机械总量未发生改变。"

作为提示（使用启发式对话的方法在最开始时需要），教师可以给出此类问题连贯性的最简单的示例。例如，"……是正确的吗？""如果答案是肯定的，那我们可以认为……""因此，在没有空气的情况下，它的分子的阻力……不会改变的事实是否会引起怀疑？"

教师可以将班级中的学生分为类似于辩论赛中的正方与反方两组，第一小组作为正方，陈述辩论的观点；第二小组作为反方，对正方的观点进行反驳。

在此阶段，提问将有利于提升逻辑思考的能力，寻找表达和捍卫自己观点的最佳方式以及提出问题的能力，对于对话者来说，答案是明确的（"是"或"否"）。这个阶段对于启发式对话教学也很重要，他能够帮助学生形成教育和认知能力（设定目标、分析其活动结果的能力）以及沟通能力。

证明和反驳可以有效地将学生的教育成果放在历史文化领域进行比较。通过这种比较，学生的逻辑思维能力得以提升，因为在比较中融入学生的情感有利于促进学生发挥其创新性能力。同时，对话中形成的知识可以根据学生的文化和宗教特点进行个人解释。

问题：如何比较某种论点或概念以证明某些事情呢？

回答：尚未收到证明，因此我们对它们还没有明确的概念。

问题：使用启发式问题进行证明的机制是什么？

回答：学生会为自己设定一个目标——他将要证明或反驳，规划如何操作。同时，证明链中的每个问题都会与最终目的进行核对——这个问题是否可以证明或驳斥。例如，在一个陌生的城市中，一个人会用旅行的最终目的地来检查地图上标记的每个点。

让我们举一个物理课的例子。

证明宏观宇宙定律与微观宇宙定律不同的说法。

证明此观点的问题顺序：

1. $\bar{e}$ 运动是否类似于行星绕太阳运动？

2. $\bar{e}$ 是否像行星一样可以加速度运动？

3. 根据电磁感应定律，是否应该发射电磁能，使其很快掉落到核心上？

4. 如果这在现实中不会发生，那么经典的电动力学定律是否适用于微观世界？

五　归纳结果

课程的第四阶段（如果是工作量大的任务，可以作为家庭作业布置）。课程的最后阶段与第三类学生的提问有关：每个学生都是组织对话与证明观点的参与者，而且可以使用疑问句进行阐述与反驳。

例如，在历史课上，有人建议学生想出两个对立者之间对话：第一个人认为历史是由一系列随机事件组成的；第二个人认为历史是具有规律性的，是必然的结果。

本阶段的教学方法很重要，这一阶段有助于提高第一阶段中获取的知识与历史文化知识进行比较的效果。与此同时，学生的思维在两个相反的领域转换。沿着"反向"路径前进（例如，在对话第一部分已经证明后反驳声明），在针对虚构对手的每个新问题中，学生对自己的行为（反思）有更多的思考。此外，两种不同的思维逻辑冲突随着情感产生，而情感反过来又"传达"了学生创造力的额外能量。在更广泛的意义上，这一阶段的主要目标之一是培养学生的教育和认知能力（设定目标、反思——当我们证明和反驳某种观点时，我们已经将对话者的意见与我们的目标进行了比较）。在教育实践中实施证明和反驳原则也培养了学生的交际能力：接受不同的观点，包括与自己对立的观点，即倾听他人意见的能力，消除认知中的固执和偏见。

问题：学生们列出自己的一系列问题，然后写下来并以书面形式提交，还是直接在课堂上阐述一些观点？

回答：可根据学生的准备程度、使用方法的持续时间等而有所不同。对受过训练的学生来说，最好的方法是在一个专门的课程网络论坛上进行。例如，教师说，第一种方案是经过启发式的对话后对主题的确认；第二种方案（每个学生都根据自己的意愿选择）是选择他喜欢的主题，或者证明它，或者在论坛上予以否认。

交流性是个性化学习的必要条件，也就是说，建立反馈机制——展示学生的教育成果，并进行比较（证明、反驳）。此外，它不需要对学生和教师进行任何特殊培训，许多学校都有自己的网站和论坛。

六 成果评价

最后，教师总结学生的工作，并建立一个问答的逻辑链。

课程总结：一共提出了 27 个问题。深层问题——9 个，创造性问题——14 个，打乱顺序的问题——4 个。

8 名学生发表了对问题的评价。其中，优秀——2 名，良好——3 名，及格——3 名。

在证明或反驳观点时：7 人——优秀（没有多余的问题），12 人——良好，8 人获得 3 分，2 人获得 2 分。

问题：为什么教师要注意学生问题的情感价值的隐含意义？我的意思是，评价情绪价值是不正确的。

回答：如果不是在普通教育学校，而是在为有障碍的儿童开办的学校中使用这种方法，那么教师就有不同的情感方面的问题。关于学生社会化和康复过程的信息。

但不只是这样的学校。例如，在人道主义方面的教育中，可以对这些问题进行评估，因为在这些教育中，最重要的目标不是知识系统，而是教育效果。例如，"难道说，在死亡人数背后看不到伟大的卫国战争期间发生的种族灭绝的真相不是真正悲剧吗？""为什么随着时间的推移，人们对可怕悲剧的认识会减少？"这些都是各方面的情感问题，对于历史学家来说重要的是不能忘记历史。

七　课堂反思

在分析通过启发式对话授课（第二阶段方法）时，教师得出了以下结论。

第一，学生提问杂乱无章，没有规律。教师试图纠正成长过程中所谓的"不正确"的问题（也就是说，问题之间是不连续的，也不会产生明显的效果）。在第二节课上，教师很容易地解决了这个问题，在黑板上写下学生最初按正确顺序提出的问题。

第二，在解决问题的过程中，学生在半个小时的时间里向教师提问，他们提出了非常有趣的问题，这些问题与其他学科有关。只有在这样的课堂教学形式下学生才能提出有趣的问题（教师一个人讲变成了多人交流。帮助教师看到学生在这个课题的范围内感兴趣的问题是什么，帮助他们发现学生的潜能以及学生的创造力）。

第三，学生对课程主题产生浓厚兴趣，而不是通常的解释材料。有人指出，几乎所有的学生都积极对话，寻找问题，思考教师的答案。

第四，这种教学形式使学生能够形成正确的概念，即以什么样的顺序提出问题，这实际上是学生思维的发展。

第五，如果将问题和答案按照顺序显示在电脑屏幕上供师生随时浏览，那么学习过程将更加高效。

第三节　对话式课堂范例

对话课：地壳的基本规律（地理，10 年级）

本课的作者：

根纳季·伊万诺维奇·亚库贝尔，教育学副博士，地理教师；安德烈·维克多维奇·胡托尔斯基，教育学博士，俄罗斯教育学院通信院士；安·德·科罗尔，教育学博士。

课程目标：

● 培养学生对地理规律性的沟通、教育和认知能力；

● 让学生了解本课相关知识。

课程进程：

地理老师：

让我们用你的问题来回答这个问题，你要按顺序向我提问。

地壳的完整性意味着不同地域之间存在着直接和反向的联系。例如，水的温度越高，水的挥发性就越大，盐的浓度也就越大。这是大气和水之间的直接关系。盐度与气候指标之间是否有反比关系？

关键词：热容，导热性，盐度，河流年流量，自由离子。

老师（问题针对不同的学生）：盐度对气候有什么影响？

老师（老师接下来回答所有的问题）：这个问题是不正确的，属于第三级的问题。首先，你需要了解关键概念。

学生 A："当盐度发生变化时，与气温有关的水的性质又会发生什么变化？"

老师："热容量。"

学生 A："什么是热容量？"

老师："这是一种需要传递给某一物体的热的总量，以提高其 1 华氏度的温度。"

学生 B："我们怎么理解导热性呢？"

老师："这就是物体利用自由带电粒子传热的能力，例如电子。"

学生 B："什么是盐度？"

老师："地理上的盐度是指每升水中盐的含量。"

学生 C："河流年流量是什么？"

老师："这是一年中水经过某一条河断面的总立方米数。"

学生 C："如果海洋中水的盐度在降低，那么水的热容量在这时会发生什么变化？导热性会发生什么变化？"

老师："当水的盐度降低时，导热性也会降低，从而提高热容量。"

学生 D："在什么情况下海洋中水的盐度会降低？"

老师："如果河水流入海洋且河水流量增加，海洋中水的盐度就会降低。这是由淡水稀释海水导致盐的浓度降低。"

学生 E："为什么当水的盐度降低时，导热性下降，而热容量却增加了？"

老师："因为当盐度降低时，自由离子作为热载体的数量就会减少。"

学生 A："有没有可能，海洋收集的太阳热量越多，回流到大气中的热量就越慢？"

老师："是的，这种联系是存在的。"

学生 B："收集太阳热量主要是在夏天，而释放热量主要发生在冬天吗？"

老师："是的，正确。"

学生 C："根据这一点可以得出结论吗？如果流入海洋的河流流量增加，那么气温会怎样？由于冬季海洋的热量增加，预计今年的冬天会更加温暖？"

老师："是的，这是不言而喻的。"

学生 C："这就是说，如果河水流量减少，冬天会变冷吗？"

老师："是的，所有这些规律性您自己可以观察每年的冬天。然而，我们还需要确定气温与年河流流量之间的关系。请提出自己的问题。"

学生 D："可不可以这样说，气候变暖导致降水量增加，从而导致河流流量增加？"

老师："没错。我们现在只能确立这种规律的机制。"

学生 D："什么可以使降水量增加？"

老师："暖空气向上升腾，然后冷却在大气上层，这时其中的水蒸气就冷凝。这就是云的形成过程，雨从云层中降落。"

然后，教师用结构图进行总结：

年河水流量——海水盐度——水的热容量——海洋太阳热量的积累和对大气的影响——冬季温度的特点——降水。

教师进一步建议学生们提出一系列问题，反驳以下的论点。

随着海水盐度的增加，沿海地区的天气状况更加稳定。

例如，一名学生的问题顺序如下。

天气稳定是否意味着夏季和冬季的温差不大？这种温差很小是冬天海洋热量增加的结果吗？

冬季海洋散热增加是海水比热增加的结果吗？

在盐的自由离子浓度降低时，也就是说盐度降低的情况下，海水的热容量增加了吗？

因此，相反的说法是否正确：盐度的降低意味着沿海地区天气条件的稳定吗？

第五章

线上教学

增强学生个性和激发学生活力的任务需要教学方法从传播过渡到交流，包括使用互联网技术。

基于对话的启发式教育体系以学生活动为前提来创建最终的教育成果。这种作为学生创造性自我实现基础的活动是重要的：学生在每个阶段创建教育成果的活动包括展示学生的教育成果并进行比较，这对于基于横向（"学生与学生"）和纵向（"学生与教师"）对话的交流系统尤为重要。学生的问题及其创新想法既可以作为比较其他学生的教育成果的手段，也可以作为学生启发式活动的成果。

课程的交流部分（由教师组织横向和纵向对话）是形成学生创造性活动的重要组成部分。首先，交流部分允许学生与他人进行交流，这确保了他创造性活动的体验和现实情感价值态度的形成，有助于其个人活动的创建。其次，学生能够提出问题为教学单元的交流提供了展示和积极比较学生教育成果的机会。

在信息和交际环境中，使用远程形式和创新性的教学方法来培养教学过程的启发式个人品质是最有效的。① 启发式学习的对话实质决定了对远程授课形式及其实现方法的需求。这种方法将启发式教学和信息技术有效结合。

启发式教育体系的实施形式包括：远程启发式奥林匹克竞赛、远程课程（面向学生、教师、家长）、远程论坛课程、远程授课（网课）、学生远程辩论赛、远程项目、创造性交流比赛。

在教育过程中使用互联网资源及其技术应达到一个特定的目标，而该目标通过面授形式是无法实现的，即组织教育环境主体（学生、教师）之间的交流以展示和比较其教育成果。

教育和信息技术的结合推动教育环境的改变。特别是出现了其重要的组成部分：信息交流空间。信息交流空间的主体是学生、学科教师、班主任、父母、远程教师、教育机构。在该空间中所有参与者的活动内容一致，他们能够创造性实现自我价值，学生和教师的沟通素养得到提升——这是该任务的主要目标之一。

启发式平台上的信息交流空间的教学新颖性和意义在于，它在教育过程中将小学、中学、大学的教师、管理人员、学生联合在一起，实际上整合了面授和远程学习系统，展示了面授教学形式可以通过远程教学延续，反之亦然。

考虑到学生启发式活动的生产性和交流性之间的相互联系，我们构造了新知识的远程形式，开发了一种用于实施启发式学习的远程系统。同时，情感价值、动机和自身因素对于远程学习中学生的自我实现也非常重要。在教师与学生沟通出现问题时，学生的情感价值在信息交流空间中发挥着重要作用。与面对面对话形式相比，启发式远程

---

① *Король А. Д.* Образование в судьбе современной России // Педагогика. 2008. № 1. С. 22 – 24.

对话的反思效果是通过我们在远程活动中交流的数量和质量以及为每个学生提供的个性化反馈来衡量的。①

> 我敢说结果超出了我的所有期望！参与竞赛不仅增加了知识的数量，而且提高了知识的质量。对自己职业的态度，审视自己的态度，从头到脚地转变了，更坚定自己，我希望这能保持很长一段时间。
>
> ——波利修克，信息学老师
> "年度远程教学教师"竞赛的获胜者

参与者在远程教学、远程交流中的作用。

每个参与者既是讨论的组织者又是亲身经历者。

交流的组织者在论坛上自行制定和发布：目标、问题、观点、关于本课题已完成的任务。

参与者对提出的问题发表意见："赞同"和"反对"。作为观众的评判者：对自己，对论坛其他参与者、同事、课程负责人，证明自己的立场与其他参与者的立场相符或不同，在其他参与者的推理中发现薄弱且易被攻破的地方。

在两个角色的框架内，课程参与者的交流活动是其主要的教育成果，并由主持人进行点评。

课上的交流类型：

- 提出问题；
- 证明、反驳、提出"赞成"和"反对"（计算机程序）；

---

① *Король* А. Д. Диалог в образовании: эвристический аспект. М. : Эйдос ; Иваново: Юнона, 2009. С. 260.

● 证明和反驳。

评判标准。

课程参与者的教育成果应体现：目标的设定、提问表达、对材料的熟悉程度、在论坛上反思意见的表达以及其他阐述或驳斥意见的交流情况。

第一节　交流形式

奥林匹克竞赛任务"进步的引擎"（哲学中的远程启发式奥林匹克竞赛）。

哲学永远是一种反思，是与自己和他人的对话。希腊著名的哲学理论和学派（苏格拉底、柏拉图、亚里士多德，斯多葛派和伊壁鸠鲁派等）都是通过学术辩论构建形成的。在中世纪，学术辩论成为大学教学的主要内容！

您认为文明发展进步的引擎是什么？请阐述自己的观点，就相关论点提出不少于一个命题，在论证上要有据可依、有理可循。

参与竞赛的操作流程：

● 了解网络论坛的参与规则（地址由教师提供）；

● 在此论坛中注册（如果您之前已经注册过，请使用以前的昵称和密码）；

● 参加"进步的引擎"主题；

● 在回应其他人的陈述时，请单击该陈述正下方的"Re:"按钮，以使您的文字位于其正下方，而不是主题的末尾。首先，选择引文，请在其他人的消息中选择引文，单击"引文"按钮。

为评判任务结果，评判组的工作包括：

● 您在论坛上的初始观点及其回复（在论坛上输入您的昵称）；

●您选择的消息的原文（包括昵称）以及您对该消息或整个讨论的回复。

一 学生会议

会议的第一个目的是为学生提供一个机会，让他们尝试自己思考、表达并实现自己的创新思路。第二个目的是使他有机会向其他会议参与者表达自己的观点。

为此，您需要能够审视自己的内心世界，能够接纳其他参与者的观点，能够与他人、与您自己进行交流。这两个非常重要的特质对每个学生来说都是必要的，不仅在教育活动中，而且在校园之外也一样。

国际远程学生会议参与者的任务示例。

亲爱的参会者！您要参加的会议涉及三个组成部分：

一是展示个人创新作品；

二是作为个人作品的评判者；

三是作为其他两名会议参与者的反对者（第一项由参与者根据个人兴趣和科研方向选择，第二项由远程教师确定）。

在第二项"作品评判者"（名称包含在作品摘要中）中，参与者在提出其创造性作品，并在网站上发布后，须提出最重要的论据来捍卫作品（目标、内容、形式和研究方法的选择），并同时指出作品中的薄弱方面。

结果以表格形式展示（见表5－1）。

表 5 – 1 国际远程学生会议 "作品评判者" 表格示例

创意设计的结构性要素	优点	缺点
设计目的		
作品内容 假设、假想 作品的意义		
形式和方法		
其他		

第三项 "反对者" 要向作品作者及两名支持者提出问题（至少 5 个）。同时，该参与者必须回答另外两个对手的问题。问题和答案发布在论坛上。

对每个学生的活动评估从两个方面进行：一是评估创意作品的质量；二是为作品辩护的过程，在论坛上组织讨论、评估（根据两个名称）其他参与者的作品。

组委会在下方列出了评估您的创意作品的标准（每个标准均以 10 分制进行评估）。

（一）作品质量

1. 主题和问题的原创性，作品的相关性。

2. 能够设定问题主题目的和目标。

3. 掌握研究方法，解释其应用的必要性。

4. 创新性。独创性，反映作者的立场。

5. 作品内容性。问题披露的深度。

6. 能够分析作品，确定其优点和缺点。

7. 能够突出给定主题的观点。关于主题发展的假设的可能性和有效性。

8. 作品的应用价值。

9. 劳动强度。完成的工作量。

10. 作品的逻辑结构。文理通顺并正确使用援引。

11. 作品总体呈现。

（二）对参加论坛的作品进行答辩

1. 参与者的积极性。

2. 评价其他会议参与者的作品（问题的数量和质量、发言、回答的内容、主持讨论的能力等）。

3. 讨论产生的新想法、新发现、建设性建议的数量和质量。

4. 为作品辩护后遵守最初的目标和反思性评判。

二 在线课程

在线课程可以提高课程的交流性（使用网站、论坛、聊天软件等），比较学生在每个教育活动阶段的教育成果：在设定目标的过程中，创建教育压力、反思的情境。教师组织横向和纵向交流有两个目标：展示学生的教育成果；组织他们积极进行比较，把控意见交流的过程。

当学生的教育成果是讨论、问题、证明、反驳时，在线课程最有效。

以下是"2008 年远程教学竞赛"参赛者，俄语文学老师——利蒙尼科娃的参赛示例。①

任务 1。

我的目标。

亲爱的同学们，大家好！

---

① 教师针对远程网络课程"我记忆中的 19 世纪"的材料进行评论。

我们开始上课，课程名称是"我记忆中的 19 世纪"，首先开始设定目标。

我作为一名老师，我为自己设定了一个目标：不仅要帮助每个学生了解历史，还要针对某个特定时间让他们建立自己的想法。的确，对每个人来说，任何历史时期都有其自身的含义、特殊的色彩、形象和象征意义。

你们的任务是在课程结束前确定要实现的目标。为此：

（1）用自己的观点描述 19 世纪；

（2）选择您认为最有趣和最重要的事件；

（3）想象一下您想告诉周围的每个人关于 19 世纪的形式（绘画、诗歌、文字……）；

（4）设定目标，并将其表述以文档形式发送到我的电子邮箱。

亲爱的娜杰日达·瓦连京诺夫娜！

如果您选择远程教学形式，而不只是远程授课，那么这样介绍任务是很合理的，可以在接受远程教学学生中进行（您口头说出来）。但是，对于更大的受众群体来说，仅当您将自己的话（如所有后续任务和模块）发布到网站上时，这些话才会被大众看见。必须牢记这一点。

任务 2。

你印象中 19 世纪的样貌。

设计网络报纸。

（1）阅读教学模块 1。

（2）完成任务 2。

现在，我们已经记住了 19 世纪发生的所有事件，我们将尝试创建自己对那个时代的印象。它是由对我们很重要的历史人物和平民百姓组成，包括重要事件、事实、观点和见解、发现与矛盾。逐渐地，这个印象可以改变。

您可以用任何形式表达对 19 世纪的印象。它可以是图画、拼画、文字、诗歌或其他艺术作品表达的评价。一切都在您的掌控之中！去吧！

为了帮助你们完成任务，我提供问题和任务作为参考。

（1）请回忆：历史学家称 17 世纪为"叛逆世纪"，18 世纪为宫殿政变的时代。提出您认为的 19 世纪的名称。

（2）想出一个 19 世纪的标志并对其进行描述。

（3）选择您认为最能代表 19 世纪的事件、历史人物并解释为什么选择它们。

将完成的任务 2 发送到我的电子邮箱，或通过地址（由教师提供）将其发布在网络报纸《我的 19 世纪》上，为此，请使用您的登录名和密码以管理员身份登录。

必须明确注明完成任务的时间。

任务 3。

在论坛上讨论任务 2。

（1）了解网络报纸《我的 19 世纪》的内容。

（2）选择让您喜欢、激动、思考的作品。

（3）对这些作品发表评论。

祝好运！

这是一项明确的、简短的且很好的任务。我还建议你们设置时间，尤其是考虑到并非所有学生都擅长在论坛上注册以及使用其他互联网技术。

你们的老师娜杰日达·瓦连京诺夫娜

任务 4。

寻找志同道合的伙伴或对手。

（1）学习教学模块 2。

（2）在有关 19 世纪的著名人物的观点中找到与您吻合的观点，以及与您相矛盾的观点。

（3）以《我的同伴和对手》为题写一小段话。

（4）提交完成的作业。

对手是表达相反意见的人。任务是明确的，但是对其完成的时间存在疑问。本课程的其他内容请编写。在这里，您还需要考虑要写些什么，结合上述内容或者是课程计划外的内容。

任务 5。

课堂总结和家庭作业。

我们的在线课程结束了。但还需要考虑我们已经取得了什么成绩，达到了什么水平，收获了什么知识。

请反思以下内容。

概述：

（1）想象一个情景，最重要的是考虑每个阶段的时间框架；

（2）在第三项任务中要加强课程的交流部分，不仅要邀请学生写评论，而且要在报纸上的言论、段落中找到利弊，这将增加学生的学习动力并激发创造力；

（3）修改模块范围；限定上课时间。

三 远程课程

进行远程课程的教学优势。

● 活动方法优先于信息方法。任务和理论材料的链接直接发布在论坛上。

● 动机。每位课程参与者都是讨论的组织者，参与者通过交流实现自己的目标。

● 不仅培养教育和认知能力（通过电子邮件进行课程的传统形式），而且在更大程度上培养课程参与者的交流和信息收集能力。

四　论坛上的课程技术路线

课程参与者的教育活动的第一阶段。在研究主题时，根据教育过程的主题设定教育目标（目标设定）。

课程参与者以问题的形式制定自己的目标。在论坛上展示他的主要教育成果（观点、问题等）：他对本课程的主题感兴趣的东西。因此，他充当联络的组织者。

参与者在交流中的作用：回答其他参与者的问题，提出自己的问题。

课程参与者的教育活动的第二阶段。将自己的主要教育成果与文化历史长河中相近成果进行比较。

1. 完成演示者的任务并将其发布在论坛上。培训模块用以同文化和历史长河中相近成果类比（理论方面）。

2. 每个课程参与者创建：关于课程主题的新主张（选项1），提出新问题（选项2），证明或驳斥他和其他参与者在第一个任务期间提出的主张（选项3）。

3. 担任论坛的组织者和参与者。

课程参与者的教育活动的第三阶段。在课程框架内反思自己的活动并将其发布在论坛上。

每个参与者在反思活动的框架内表达自己的判断，回答其他参与者的问题，提出自己的问题。

总之，我们注意到，借助教育系统的信息化，可以充分有效地释放教育个性化的潜力，揭示学生的人格特质。另外，如果教育的信息化本身是个人解决教育问题的工具，而不是国家的工具，则它自身将获得最大的效率。这具有深刻的哲学含义——教育的信息化和个性化应该是一个统一的、不可分割的整体，而不是单独的"共存"。

第二节　启发式在线课程：线上课程的制订与实施

从合乎人文教育①学术流派的角度来看，线上课程是一种组织活动的课程。这意味着它是基于学生的特殊组织活动（在论坛上）来创造教育成果。学生教育成果存在两种类型，第一种是他已完成任务的结果，例如，将结果发布在论坛或网站上；第二种是交际结果，是学生的问题、答案、证明和对对话者的辩证批判。

在线课程中的每个参与者都根据他收到的任务操作说明和培训模块，创建自己的教育成果，将其发布在论坛上，然后将其与课程中其他学生的作品相关联。参与者的主要结果是，首先，他的研发、沟通以及活动能力得到提升；其次，经验表明，课堂的任务导向可以最有效地明确任务的内容，并为参与者提供后续活动的方法。

教师在互联网课程中组织进行横向（学生与学生）和纵向（学生与教师）沟通，可以规范交流意见、逻辑冲突。学生更多关注接受哪些教育培养从而提高个人创新创造和自我实现能力。

在论坛上完成的任务反映了课堂交流对信息形成、提升交际能力

---

① 人文教育（安德烈·维克多维奇·胡托尔斯基的学术流派）概念的核心是将人类无穷无尽的隐藏能力和教育作为实现这些机会的一种手段。人类从众原则确立了教育的主要任务——识别、揭示和实现一个人的内在潜力。

（学生懂得提出问题、捍卫自己的观点、证明或反驳、寻求信息、设定学习目标的能力）具有重要作用。

在线课程在很多功能上与面授课程不同。首先，在线课程有足够的时间（一堂课可以持续 20 分钟或 2 天），教育过程中的主体（教师、学生、技术人员）之间可以非同时进行。其次，在线课程课堂沟通的效果更好，频次更高。

在线课程相对面授课程的教育优势：

• 活动方法优先于信息方法；

• 学生的最佳动机。课程中的每个参与者都是讨论的组织者和参与者，通过交流实现自己的目标；

• 参与者的教育认知、交际、信息能力可协调发展。

一　进行在线课程的技术路线

通过以下方法可组织进行在线课程。

第一，给学生的作业——远程教师通过电子邮件（或发布在论坛上）发送给所有注册此课程的学生。明确规定了完成每项任务的期限。任务包括针对每个参与者的技术（算法）说明，以针对给定主题或问题创建教育成果。学生将完成任务的结果发布在论坛上。依次完成任务将帮助其掌握课程。指定完成所有任务的期限，例如 2 天。假设学生每天需要大约 2 个小时来上课。

第二，教学模块——理论和其他材料随作业一起发送给参与者。该模块的目的是为参与者提供在所研究的主题和组织自己的发展活动中进行自我决定的环境。教学模块不包含对拟议任务的现成答案，但可以帮助扩大课程范围，以自行确定所指出的问题。该模块可以包括表格、插图、主要资源的片段、实际研发作品、样本和技术、参考文献列表、网站链接等。

第三，在线课程中学生的任务——该课程中每个参与者执行教师建议的任务。在仅两天的课程中，邀请参与者根据在线课程的计划和时间表完成 2 到 4 个任务。远程教师根据课程的技术要求拟订课程后完成的（在论坛上）学生的任务，并按时发送给课程管理人员。

第四，远程通信——学生在论坛上的讨论或彼此的交流，与教师的对话和磋商，对所提问题的集体讨论，参与者对自己观点的辩护以及其他的互动。每个学生需将自己的作业结果发布在专门创建的课程网络论坛上。在这种情况下，完成任务的学生将充当讨论的组织者和讨论的参与者。学生在论坛上的交流构成了完整的交流成果。在两个角色的框架内，学生的交流是主要活动，并由教师评估。

第五，反思是对自己的活动、方法、结果、困难以及解决方法的认识。在整个课程中，在完成作业和其他类型的活动的过程中，要求学生全面回答以下问题：完成作业后我能获得哪些主要结果？我是如何做到的？我今天学到了哪些新知识？我遇到了哪些困难，以及如何克服了这些困难？吸取个人活动中的经验教训是课堂的必要部分，与完成实际活动本身同样重要。

在线上课程开始之前，学生会通过电子邮件发送包含作业的文件和包含培训模块的文件，以便后续在论坛上完成操作。在课程结束时，每个参与者都会对课程中的活动进行反思性分析，并将其发布在论坛上。这些任务是强制性的，并包含在课程计划中。作为在课堂上授课的补充方式，可以使用在教育机构的网站、远程教师的本地站点以及为参加在线课程的学生专门创建的站点上发布的材料。如果需要，可以根据课程的类型、主题的详细信息、听众的年龄和准备程度来创建课程本身的站点。

应当指出的是，当学生仅接收和吸收现成的信息而不创建自己的产品时，上课的组织形式和活动形式则与信息传递形式相反。

专家和职能部门共同参与了"Eidos"远程教育中心的远程课程

的准备、组织和实施，具体如下。

第一，课程管理人员组织课程，根据通过电子邮件发送的申请进行课程参与者的注册，向参与者（课程管理人员）发送有关课程注册的确认信息，将有关注册参与者的信息发送给进行远程授课的教师，向课程中的教师和学生发送教学材料和其他材料，监控教育过程，参与解决出现的新问题，在成功地完成课程后，向参与者发送证书。

第二，课程的作者——编制课程大纲、参与者作业、教学模块及其他课程材料的专家。作者或者合著者可能是进行授课的远程教师。

第三，进行远程授课的教师按规定的课程大纲与课表，与注册的课程参加者一起组织和进行课程；有效地管理教学过程，为参与者解答疑问，组织讨论，评价他们的工作，向课程管理员提交数据报告。

第四，网络课程参与者——正式注册的学生，直接或者通过课程管理人员提供相关课题的信息服务。

第五，课程管理人员——在互联网课程中至少注册了 3 个人的一组学生或教师的机构（学校、大学、中心等）的代表，或私人代表（例如在校学生）或个人，可以根据已发布的课程条例进行注册。当地协调员帮助其小组（个人）的参与者为课程组织提供技术支持：准备并发送注册申请，给参与者介绍该规程，向他们传递从教师和课程管理人员处获得的信息，指定小组成员进行面对面会议的时间和地点，收集并通过电子邮件发送他们已完成的工作，接收并向他们颁发证书。在为成人授课时，课程管理人员同时充当课程的注册参与者（除非在《课程规章》中另有说明或另有规定）。

二　规划在线课程内容的几个阶段

根据启发式教学的基本原理①，将学生在论坛上进行的启发式教

---

① *Хуторской*, *А. В.* Дидактическая эвристика：теория и технология креативного обучения /А. В. Хуторской. М. ：МГУ, 2003. С. 416.

育活动划分为以下阶段。

第一阶段 目标设定

学生教育活动的第一阶段包括在学习课程内容的同时，由课程的参与者在论坛上设置和发布教育目标，将自己的目标与课程中其他参与者的目标相关联。

以下是活动的目标：

● 个人目标——了解教育目标，对自己和自己的潜力充满信心，实现特定的个人能力；

● 课程目标——对所研究科目态度积极，对所研究主题中包含的基本概念、现象和规律基本了解，掌握使用最简单设备的技能，解决该主题的典型或创造性任务；

● 创意目标——编制习题汇编，撰写自然科学论文，设计技术模型，画一幅画；

● 认知目标——对周围现实对象的认知，研究解决新出现问题的方法，掌握与主要资源打交道的技能，进行试验；

● 组织目标——掌握组织教育活动的技能，设定目标、计划活动的能力，掌握小组工作的技能，掌握进行讨论的技巧。

目标的设定应评估其可完成水平。因此，诸如"获取有关分数的系统化信息"或"形成学生的历史反思思维"之类的表述不是目标，因为它们仅确定活动的方向，而不是其最终结果——教育活动的成果。相反，诸如"开发他们自己的活动评级分数及标准"或"提议列出他们生活中的历史事件并为它们开展历史性争论"之类的目标设定了参与者的活动的最终结果，这些活动可以被判断和评估。最终教育成果是检验设定目标的最有效方法。

现在，有一个重要的问题是如何将学生的个人目标（"学生与学生"）与教师的目标（"学生与教师"）关联起来。

为自己设定目标的作业，例如："用两个引号提出问题。"

第二阶段　学生主要的（主观的）教育成果

学生教育活动的第二阶段包括由学生设定并完成本阶段任务。同时，课程的参与者提出问题，阐述课程主题并组织该活动。

认知类型作业的一个示例："制定……的主要版本。"

创造性类型的课程作业示例："根据您的经验，给出自己的定义……""完成任务……"

组织活动类型的课程作业示例："应进行哪些试验（其内容，结构）以调查……"

第三阶段　学生的主要（主观）教育成果与文化历史长河中类似成果的比较，学生编写其任务

在线课程参与者的教育活动的第三阶段是将主要（主观）教育成果与文化和历史长河中类似成果进行比较。教师完成任务的结果可以看作更为广义的教育成果。

培训模块（发布在网站上或链接到网站）要与文化和历史中的相关内容进行比较（主要是理论上）。例如，每个学生都会完成：关于课程主题的陈述（选项1）；向课程的其他参与者（远程教师）提出新问题（选项2）；证明或驳斥他和其他参与者先前在第一个任务过程中提出的观点（选项3）。在远程启发式活动的这一阶段，学生扮演着交流的组织者和交流参与者的角色。

不同类型作业的例子。

● 分析您的主观教育成果。先熟悉理论内容然后分析其优势和劣势。突出显示您将要更改的内容并解释原因。

● 再次确定并说明在课程第一阶段所设定的任务目标。

● 编写两位科学家之间的对话。

● 给出一段对话。

● 证明或反驳您提出的观点（假设、陈述等）。

● 评阅另一位同学的作业。

第四阶段　反思

学生活动的第四阶段是反思自己活动的完成情况（在课程中以个人或小组的形式）并将其发布在论坛上，学生扮演交流沟通活动的组织者和参与者的角色。

反思任务类型的示例。

"经典问题"的反思

1. 上课之前你的目标是什么？如何实现这些目标？

2. 列出你遇到的困难：在研究本节主题和回答开放式任务时。

3. 你是如何克服困难的？具体怎么做？

4. 学习本主题对你个人的主要影响是什么？

5. 你学到了什么？

6. 在学习该主题时，你做得最多的是什么，为什么？

7. 学习中还有哪些问题没有解决，为什么？

8. 描述学习主题时的情绪和心情的变化。

"发现日记"反思

从今天开始在教学系统网页上填写"发现日记"的相关内容。在其中，记录你在学习主题、完成任务时的发现。尤其要分析你将来计划活动的发现。你是怎么做到的？在每种情况下，根据其重要性对你的发现进行评估：一是对你而言；二是对于科学；三是对其他人（同学、老师等）。

"寄语建议"反思

想象一下，您有机会为后来参加学习的学生撰写寄语建议。

在建议中描述您的主要成就和成果，提供指导以及"经验丰富的建议"，并尝试确定活动的方式和类型。哪些作业使您措手不及，为什么？我了解了什么，我学到了什么？建议如何避免您的错误？您在学习期间获得了哪些知识？您会给未来的学生提出哪些知识获取的建议和希望？列出不同阶段和不同类型作业是准备和进行在线课程的基本要求。①

在每种特定情况下，都会采取相应的技巧、方法和培训形式。具体任务由老师根据教学理念、学科目标、课程主题、学生的特点和需求综合考虑并确定。

第三节　在线对话课程范例

课程设计：

达里亚·康斯坦丁诺芙纳·佐托夫，俄罗斯兹拉托乌斯特市第34中学信息学教师；安德烈·维克多维奇·胡托尔斯基，教育学博士，俄罗斯教育学院通信员；安·德·科罗尔，教育学博士。

学科："信息学"。

主题："信息与垃圾邮件"。

学生年龄：14～17岁。

课程目标：

1. 教导学生根据课程主题独立设定自己的目标；

---

① Интернет – уроки. Поурочные разработки участников Всероссийского конкурса «Дистанционный учитель года»/под ред. А. В. Хуторского, А. Д. Короля. М. : Эйдос, 2010. (Серия «Интернет в обучении»).

2. 学习提问。培养学生的教育、认知、沟通和交流能力；

3. 提升学生在通信技术领域的能力；

4. 培养学生系统化整合学科的能力。

课程结构：

教师将学生分成几个小组以完成小组作业。

第 1 组寻找有关垃圾邮件的概念和性质、类型和目的的信息。

第 2 组在社交网络上进行有关垃圾邮件问题的调查（您是否经常收到垃圾邮件，垃圾邮件是来自朋友还是陌生人，您是否遇到了接收垃圾邮件的后果——病毒、个人信息被盗、计算机故障）。根据调查结果，学生还提出避免垃圾邮件的具体建议——需要安装什么特殊软件，个人资料的密码应该如何设置，等等。

第 3 组研究有关此问题的监管情况。

第 4 组阐述垃圾邮件造成的经济损失问题。下课后，每个小组展示其结果。

在社交网络中以"运动"为主题的课堂对话（数学，5～6 年级）。

课程设计：

弗罗洛夫、希罗科娃、西戈夫、赫拉莫夫（阿拉帕耶夫斯克市第二中学）；安德烈·维克多维奇·胡托尔斯基，教育学博士，俄罗斯教育学院通信员；安·德·科罗尔，教育学博士。

设备：计算机、互联网。

课程目标：

培养信息处理能力（搜索、信息转换）、交流能力（提出问题、证明、编写一系列问题以证明陈述的能力）、教育和认知能力（发展智力操作），提高分析和解决与运动有关问题的能力（在单一或多个不同方向上），设定自己的目标和反思。

课程结果：

●学生的交流成果（提问和对他人问题的回答、讨论、证明、反驳）；

●教育成果（一种解决所有运动问题的算法，可以识别出运动参数：方向、速度、距离）。

课程过程：

你们好，孩子们！我很高兴和大家一起上课。我希望在本课程中，你们能够编写出解决所有运动问题的算法，讨论有关该主题的成就和问题，并掌握一定的技能。毫无疑问，我们在互联网上分享的经验将对以后的生活大有裨益。

"生命在于运动。"这句话出自谁，我们大多数人将不再记得，但是没有人怀疑这一说法的正确性。

练习1。"走得再慢的人，只要他心中有目标和方向，也比那些漫无目的徘徊的人走得更快。"①

生命是在运动中诞生的，它作为一个过程存在，否则就不可能存在。我们都是运动的参与者：我们上学，放学，追赶某人，彼此奔跑，像松鼠一样在轮子上奔跑。总的来说，我们一直在运动，但是对我们来说运动是什么？

根据课程主题确定你们的目标。学生根据课程主题设定自己的目标，并将其发布在社交网络上。

练习2。"继续定义。"运动是……

学生在社交网络上发表自己对"运动"概念的定义。

---

① Г. Э. Лессинг（1729—1781 гг.）драматург, теоретик искусства, литературный критик, основоположник немецкой классической литературы.

练习 3。如果你怕，就不做，但是如果你做，就不要怕。

运动和混乱不是一回事。要完成此任务，请记住您是运动参与者，并使用辅助问题将其画在网络板上。

学生根据任务，凭借自己的经验（示意性地）在网络板上绘制运动情况。

练习 4。阅读问题，更改问题的顺序，或在必要时添加您自己的问题，以便解决运动中产生的相关问题。

学生对问题进行排序，并制订解决运动问题的计划。

练习 5。"我不仅从自己的经历中获得知识，而且还从他人的经历中获得知识。"（路德维希·维特根斯坦）

重新组织问题找到解决运动问题的算法。

每个学生将问题转化为答案，以创建解决问题的算法，发挥参与者和组织者讨论的作用，在讨论过程中得出自己的一般结论，并将其与小组结论进行比较。

练习 6。分析并回答问题。

学生反思自己的在整个课程中的表现。

第六章

教师启发式个人素质的提升

今天，教育需要的是能够培养优秀学生的教师。教师不仅能够传授知识经验，而且能够教导学生在学习时设定目标，提出问题，选择必要的形式和方法，以便学生能用自己的视角看到课程中的学习对象，并用自己的想法来完成。这并不意味着人类的成就将不被需要地排除在外。相反，为了使学生创造自己独特的、不同于他人的教育成果，有必要将学生的创造与人类的成就相比较，将主观教育成果与文化历史成就这一"镜子"进行类比。实际上，教育成果不仅包括课堂和课程的学科内容，还包括学生个人素质的提升和变化。

因此在今天，作为一名教师最重要的是能够组织每个学生实现自己的目标，建立自己的教育轨迹。一般情况下，这与教师所掌握的信息量无关。

教师这个词是什么意思？其在俄语单词中分为两个部分，"预先—给"，也就是预先准备好"给予"的东西。如今，教师的角色改变了——要为学生"创造"条件。创造这个词在俄语中同样有着"给予"这个词根。创造条件是为了让今天的每个学生能发挥、展现和实现自己的潜力。此外，创造力并不包括课堂以外的活动。我们说的是课堂上的创造力，每个人都选择一个项目，做研究、做答辩、做对比。在西方，这种做法早已很普遍，经常是以不同的形式发生并要求个体独立完成。

教育传播和培训系统都是如此。

很多关于当代教师培训必要性的文章和观点，建议将发展中的启发式教学系统付诸实践。根据每个学生的特点组织学习课程，在没有事先准备好答案的情况下进行教学。换句话说，以不同方式教授每个人同样的内容。然而，通常使用传统的研讨会形式：一位报告者向听众传递信息。"接收"这些信息但什么都没有改变：研讨会的听众常常表示"我明白了，但是无法应用。"

同样，在课堂、讲座和研讨会上用大量堆砌的形式传递信息。据说，信息越多，"教育"的影响就越大。学生甚至是教师都愿意使用现成的模式："先给我们信息，我们再回答。"

教育中最重要的问题之一在于倾听，或者更确切地说是向所有学生传递"不属于任何人的"并同样"正确"的信息：在人的思想、行为、人际交往中独白和公式化模式的增加，导致了学习动力的缺乏。

另外，关于培养学生创造力、道德潜能、学习和教学过程的统一性等的专题文章和图书不计其数。其中的逻辑是，如果要教学生思考，那么需要引入"思考"课程，如果要使学生受教育，则需要引入"教育"课程。最主要的是"给予""教授""传达"。

这里使用的信息教学方法从本质上讲（信息很普遍，不适合所有人，因此是"别人的"）抛开了人对周围世界的开放性，把自己和他人封闭起来。

为什么教学内容和课程活动的设计者听不到创新之门坚定的

"敲门声"？为什么教师接受进修培训后在自己的教学实践中仍旧难以应用？因为信息对教师来说是陌生的。他不是行动者，因此不会改变自己。

因此，教师和学生以同样的逻辑等待着，学生等着信息再回答，老师亦等着模板来使用。

第一节　伐木工效应

几年前，在圣彼得堡召开了针对中学教师、教务员和高校教授的研讨会，结束时主持人提议以反思，即根据提出的算法进行分析。要求每个参与者分析自己的活动与目标相比较的结果。实际上是要回答主要问题：参加该活动的教育意义是什么？例如，"什么有益，什么无益？""得益于什么？""为克服某些困难做了什么？"最明显的情绪是激动、感性、有愿望，等等。通常，用一组经典的问题将人的内在活动提供给学生是最困难的教育任务之一。

一位中学的教务员感谢项目负责人："论坛非常好，一切都很喜欢，非常感谢。我会将其运用到我的课上，结合方法论传授给教师们。"项目负责人对此回答："请试想一下，假如我是一名伐木工人，正在砍柴，而您有机会拿起笔并写下来或者录像记录我的做法。此时，您正在记录、拍摄，我把斧头交给您，您能否砍动木头呢？"答案脱口而出："不，我不能。""为什么？您已经全都写下、拍照记下来了，为什么不能重复我的动作呢？""不知道，但我就是不会。"

在这里"自己的"和"别人的"存在根本的差异，就"知识渊博的"一词而言适用于"权威性的"这一概念的内容。是否只要通过记录、观察、聆听，重复到模仿的水平就能成为"伐木工"？这是行不通的，因为他没有投入到该工作中去，因此没有伐木经验。重要的是，在研讨会上，我们是有可能成为"伐木工"的，而不是仅作为记录他砍柴的人。一个人应该具有区别于他人的思想、观念和想法。

在每个学生创造自己独特的、不同于其他教科书的教育成果，并建立自己独有的教育轨迹的情况下，教师对其产生不确定性而常常不知该如何采取下一步行动。因此，教学的个性化，包括学生启发式个性素质的形成，决定了培训启发式教学法教师的必要，教师和学生同样具有个性化的创造力、认知力和组织力。

教师进行启发式教学是具有战略性的（设计和组织交流）和战术性的（实施计划的能力——进行启发式对话"学生—教师""学生—学生"）。

由教师进行设计和组织开展"横向"（"学生—学生"）和"纵向"（"学生—教师"）的沟通方式，不仅提供了形成学生个性启发式素质的机会，还有助于提高教师自己独特的启发式素养，主要是创造性和组织性。

在此方面，通过远程和创造性教学方法的形式提高教师技能、培养启发式素质在信息交流环境中最为有效。例如，教师可以在不中断日常活动的情况下"连续地"在适合的时间选择符合学生兴趣和爱好的课程，定期开展启发式教学竞赛，以提高学生个性化启发式素质。

通常，远程学习是启发式教学活动中固有的。这体现在近些年的一项创新活动中——全俄远程启发式奥林匹克竞赛，自1998年以来已有近50万名中学生参加。实施启发式培训，其形式和方法的独特之处在于，利用信息技术将日常教学和远程学习相结合。这要求教师必须具备教学和掌握信息技术的能力。因此，通过参加远程学习活动可以最大限度地提高教师的启发式素质，如：课程、竞赛、名师教学讲座、教学研讨会和学术会议等。

让我们以启发式远程学习为例，要考虑教师在远程教学活动中的设计结构和内容。根据启发式教学的哲学和方法论基础，教师在教育活动的第一阶段必须了解教学知识的范围及其内容。在第一阶段中教师的启发式对话需要针对对象在论坛或电视会议中提出问题。这个问题同样也是参与者启发式活动的评价标准：认知能力、创造能力、组织能力。①

初级课程范例

1. 作为课程负责人，我首先要针对"启发式学习、学生的创造力和对话是不可分割、相互联系"的观点表现出不了解并提出几个相关问题。

为了更好地完成此项任务，你可以画一个表格，一列是你知道的，另一列是你不知道的。

填写表格后，通过7个问题可以表明您的"未知"。可以设置关键词进一步激发问题，例如："……有哪些类型？""……有什么功能？"等。

2. 利用7个基本问题表达自己的未知。（什么？如何？在哪里？什么时候？为什么？如果？哪些？）

3. 想更多地了解启发式教学？可以通过一些简单的问题提出更多复杂的问题。例如，"如果……，那么……""如果……，如何……"等。

而后，在课程内容的第二阶段，要求教师将得到的结果与其他课程参与者的结果进行比较。

再举一个针对教师线上论坛交流任务的示例。

---

① *Король А. Д.* Информатизация образования и общение в школе. С. 61 – 65.

1. 在"启发式教学"或（和）"学术学派的实践"部分中选择您感兴趣的论坛主题，并对您感兴趣的问题进行分析并给出答案。

2. 从论坛中选择至少两个同事，对其观点进行论证证明（或反证）。

3. 在文章末尾，向论坛其他参与者提出问题，回答其他成员提出的问题。

任务的结果有以下呈现方式：一是直接发布在论坛上，二是展现在您的工作中——包括您的文章和答案（连同自己的问题）。

在教师远程教学的第三阶段，以证明和反证的形式，利用"对"和"否"的反思方法教育学生并从中找出利弊。

基于上述情况，交流显然是学生和教师启发式活动中最重要的部分。如果教师能够在启发式远程教学中合理设置教学内容，那么在具体课堂中学生交流的数量和质量都会得到很好的保障。在教师培训中充分利用网络资源及其服务应达到一个特定且在全日制教育中没有的目的，即在教师之间可以展示和比较其与学生的交流和沟通情况。使用信息通信技术成为教师的问题及其组成部分（正论、反论或其他）中最高效的部分，不仅是一种教育资源而且可以进行评估。

远程活动的结构、内容和技术具有组织性和目的性——远程活动的每个任务都要求参与者每个人都可以打造出有别于他人的特质，其形式可以多样，可以是开发的启发式课程计划、学科特长、讨论会及电话会议模式等。通过以上形式我们更详细地研究构成培训启发式教师远程活动的具体细节。

针对教师的课程（根据个人情况，授课时间分别为5天、10天、14天）是教师远程培训系统的第二个重要因素。远程学习课程中教师的教育产品包括课程材料、创造性任务、培训计划等参与者开发的其他内容产品。

远程教学奥林匹克竞赛是启发式教师培训系统的重要组成部分。参加人员有学科教师、中学行政管理人员、教育心理学家、大学教师及学生等。以下列举了针对大学和技术院校师生的远程教学奥林匹克竞赛任务的例子。

"我们课程的目的是……"——教师经常用这些话作为课程的开场白！通常，这些目标仍然只是教师的目标。如何使每个学生制定并完成自己的课程目标？建议至少用三种方法来组织学生在课程中的制定个人目标（以一门中学课程主题为示例）。

为了研究启发式学习系统中对话部分对教师个性的启发式素质训练的有效性影响，我们进行了一项远程试验，来自白俄罗斯和俄罗斯110个城市的453名师范院校的师生参加了这一试验。试验包括两个部分。第一部分是评估教师个人参与启发式定向远程教学活动的结果：年度全俄八月远程会议、面对面会议和教学方法研讨会、远程比赛项目、远程课程、远程教学奥赛。第二部分是评估参加启发式奥林匹克试验学生和教师的课程、项目及会议的教学成果。

对参与远程教学活动的教师的分析（完成启发式任务、开发互联网课程、教育启发式程序、反思性判断等）表明，教师最显著的教育成果是提高了组织活动的能力，其次提高了是创新能力。

值得关注的是，试验之后，74%的教师开始为未来的课程设定若干目标，而不只是一个。同时，目标设定的变化开始从客观目标（获得教学信息、能力、技能等）和个人目标（自我教育、获得证书等）向创新和组织活动方向转变。

这些事实证明了对教师进行远程系统培训这一活动的有效性，也证实了需要进一步研究和设计一个更加完善的系统，提高教师个性的启发式素质，确定每种远程活动的具体权重和位置、频率及在这种系统中的适用范围。

第二节　"做"而非"听"

学生受教育的过程是人类自我改变的过程。那些不知道如何自我发展，不知道如何进行改变的人，也不知道如何倾听他人。这是"听别人的艺术"的秘密。因此，我们需要一种完全不同的专业方法。

"发现性学习"揭示产生的含义，学习动机在培训高素质人才的过程中具有特殊的意义：积极主动、有责任心、终生自我完善。2017 年以来，白俄罗斯共和国的许多高校（包括白俄罗斯国立大学、格罗德诺国立库帕拉大学、格罗德诺国立医科大学）定期举办远程活动课程"通过发现进行教学的方法：如何以不同且平等的方式教授所有人"（该方法的提出人为科罗尔教授，白俄罗斯国立大学教育学博士），旨在提高教师使用创新教育技术（启发式、交互式学习）的水平。

每年有 500 多名高校教师、专业教育机构教师、教学法专家在本课程中提高教学技能，该课程具有明显的创新性和应用性。这个创新课程包括目标设定和反思。参加研讨会的人员都证明了以上结果。

该课程的关键不是基于传统的聆听，而是"做"，是"给予"现有的信息。通过设定目标、反思、个人和小组工作结合的形式，根据收到的任务和主持人的介绍，每个参与者都会找到"出口"，获得自己开发的（而不是吸收他人的）教育成果。

自己的教育成果的外在形式包括作业、课程、网络授课的方法、学科的课程方案、教育机构的发展计划和交流（如问题、讨论、论证），内在形式包括启发式个性素质的发展、自我实现以及从事专业活动的动机。

举几个参与者反思的例子。

人们对启发式学习的可能性及其社会意义有了更深入的了解，从而改变了社会，学会尊重自己和他人，能够容忍异议并将其视为发展源泉。

——兹洛克，白俄罗斯国立大学法学院民事诉讼法和劳动法学系系主任，法学副博士，副教授

有一种感觉是提出了大学关于教学问题的公开讨论的重要准则，其中心不是学术科目，不是教学方法，而是学生的教育管理，鼓励学生开发个人潜力。

——卡尔别维奇，白俄罗斯国立大学教育创新教学方法论实验室一级教育方法学家，教育学副博士

第七章

教学中的沉默：方法论和教学法基础

当今的语言世界是一个沉默的世界，一个没有自己话语的舞台。沉默作为一个阶段在人类行为方面表现为借用、模仿他人的思想。"他人"的噪声导致个人的"损失"，因为它与个人本身的含义相矛盾，就像大众与个人的矛盾一样。米尔基纳充分表达了沉默的本质："上帝因我们的喧嚣而震惊，魔鬼则因为沉默而震惊。"①瑞典诗人托马斯·特兰斯特罗则说："受够了那些空话连篇的人。"②

任何侧重于"输入"相同的"现成"知识并因此在"输出"时再现"相同"答案的教育系统，都侧重于在学生无话可说时制造喧哗和沉默。

事实上，教师独白式教育是学生沉默的因素之一。学生不仅沉默（他没有作为活跃主体参与教育过程），而且由于自己不能改变倾听

---

① *Померанц Г. С.* Дороги духа и зигзаги истории: работы последних лет. М., 2008.

② Tranströmer T. 7 marca 1979 // Niebieski dom/ukł. M. Buczkówna; tłum. Cz. Miłosz. Warszawa, 2000. S. 52.

方式，他和其他人交流的能力也会下降。当学生开始创建自己的思维、目标、学习内容和知识时，便会开口说话。能够提出问题，并开始向世界打开自己。为此，需要学会沉默。在这种情况下，沉默就是一种能力。

在这方面，启发式教学能发挥将沉默变为能力的作用。

沉静或沉默是一个人存在的另一种形式，与说话不可分离，就像不可能将白天与黑夜、身体与灵魂分开一样。如果文章只由词语组成，则显示为空白且无声。因为没有沉默，叙事逻辑就不能创造图像，产生联想，产生创造力。没有沉默，就没有言语，就没有表达，就没有生活本身，就不可能仅凭呼吸说话。在这些停顿中，一个人表达着他的本质，这即创造力开始的体现。

当遇到不明白、不对劲的问题时，人开始在自己身上寻找答案，便选择沉默。沉默是通往自我认知的途径：一个人由内在的自己开始了解周围的世界。面对任何不解，人陷入沉默，以此来创新知识并达到新水平。

眨眼是身体的保护性反射反应，以保持视觉器官处于最有活力的状态。同样，沉默似乎是人的保护性反应，以沉浸于自己的世界并摆脱困境。

沉默是语言的边缘，由语言的丰富程度来定义。维罗莱宁教授曾在书中说，北方人民给雪花起了二十多种名字，而欧洲人只有几种。①

沉默不仅是外在语言的缺失，而且是内部语言，即思想的缺失，是在语义位置和单词之间的停顿。人在某个空隙附近创建一个情境以填补空白。但只能通过超越此差距来完成"跳跃"。例如，

---

① *Виролайнен М.* Речь и молчание：сюжеты и мифы русской словесности. СПб.，2003.

德国化学家凯库勒在梦中发现了苯环的分子式：白天无处不在的喧嚣妨碍他的发现，而梦境是某种形式的沉默，是语言和思想的停顿，是清醒之间的"跳跃"。

中国的"多闻阙疑，慎言其余，则寡尤"强调言语与沉默的辩证关系。沉默是一个"过渡"，从一个意义到另一个意义的"跳跃"。在"跳跃"期间没有思想，其后，思想便立即填补空白，这意味着言语是内在和外在的统一。

沉默始终是一种图像、联想，是文字"间隙"的形式和内容，是所说内容的产物，通过这种"间隙"可以看到新的现实。要想创建它，就需要处于文字、思想和语言的边缘。语言和沉默的边界是新知识诞生的摇篮。因此，沉默传递着创造力、隐喻和思想，从而引导发现。沉默作为学生打开自己的一种方式，是教育所缺乏的。与学生无关的一般性信息是空洞无声的，类似于仅由单词组成的文本。沉默加以外部的方法，是学生和老师都需要培养的能力。

对于学生而言，沉默的停顿是其对本质的诉求，学生可以通过自身了解周围的世界。例如，当学生在学习一个课题时，可以设定自己的目标，选择自己的解决方法，并打造一个独特的自我。

沉默在教学中的实践表明，长期停顿会给学生带来很大的困难。对于学习者来说，沉默是自我对话的机会，旨在创造新知识。且此过程始终与便捷性和可访问性相冲突。让我们回顾一下以往的例子，赫胥黎在《勇敢新世界》一书中描述了后人类世界中的教育：多次重现"已有的真理"，不需要耗费精力，学生便不得不将这些现成的真理吸收同化。所有的教学实践都证明，学生付出努力完成自我超越并能够以他人的视角审视自身，这种努力与其后天的成材概率成正比。这就是沉浸在沉默之"井"中的价值。

第一节　说话和沉默的哲学起源

言语是教育方法的象征，沉默是对话性的、启发性的。其关系正如认知活动经验和模仿能力之间的关系，以及创造性活动经验和对现实的情感价值态度之间的关系。

与塞内卡的经典名言"Qui nescit tacere, nescit et loqui"（"不会沉默的人便不会说话"）类似的成语说："Silentium sermonis magister est（沉默是演讲的老师）。"这些说法只证实了一种基本的科学思想，即沉默与言语之间存在相互联系。

弗拉基米尔·比比欣院士曾说过："沉默只能用话语来保存，即保存人类与文化的并不是沉默，而是通过沉默的门槛检验过的话语，不可言说的话语。"①

通过文化分析，可以更全面地了解说话和沉默之间的关系。在说话和沉默中可以看出东西方文化的特点。"崇拜人"—"崇拜神"：这两种形式反映了东西方文化的特点。②

哲学家内蕾缇娜和奥古尔佐夫有同样的表达："世界历史是认知逻辑和交际逻辑之间的对抗。"黎巴嫩作家纪伯伦提出关于人性的两种观点中最具想象力的观点。"他们醒着时对我说：'你和你生活的世界，只是无边大海那无垠海岸上的一粒沙子。'我在睡梦中对他们说：'我就是那无边的大海，大千世界不过是我岸上的颗颗沙粒。'"③

在中国古代，关于物质世界观的相关概念（物质和精神现象的

---

① *Бибихин В. В.* Язык философии. СПб. , 2007.

② *Хоружий С. С.* О старом и новом. СПб. , 2000. С. 410.

③ *Джебран Х. Д.* Странник. Притчи и речения: сб. ／пер. с англ. и араб. , сост. предисл. и примеч. В. В. Маркова［и др. ］. М. , 2002.

状态）具有连续的波动特征；在古希腊和古印度，相关概念具有离散特征。这些差异追溯到语言中则为思维矩阵。

因此，日语研究者菊池指出，与英语相比，日语更适合诗歌。日语表达内容注重情感，英语的特点是更直接、注重逻辑、线性结构，便于科学研究使用。①

尼德姆（J. Needham）等写道，在中文中，单个字符是一个有机的整体，是一个图形，因此，在表意语言中长大的人，很难接受物质的原子结构的概念。与象形文字相比，字母文字在其发音和书写的层面上已经早就被原子化（融合）了。②

哲学家波美兰茨说，在南方和远东地区，"触动心灵秘密"的关键要素不是符号，而是不用任何符号，只用空白或沉默。③

言语作为符号成为西方文明的象征。沉默如某种"停顿"，与东方文化的象征有着直接的关系，内在高于外在，连续高于离散。

哲学家格利高里耶娃在她的著作《佛教与现代思想》中指出，西方思维的基础是"一"（希腊单子、基督教都是绝对的单位）。原始单位作为参考点意味着一个连续的因果关系列，而东方或佛教思想的基础是零，绝对零（空）或完整性，不可分割，意味着完整无缺的世界。④

一和零是某种代码，某种象征，与我们的言语有直接的相似之

---

① M. ，Kikuchi，"Creativity and Ways of Thinking：Japanese Style，" *Physics Today*，Vol. 34，No. 9，1981，pp. 42 - 51.

② Needham J. ，Wang L. ，Robinson K. G. ，*Science and Civilization in China：in 7 vol*，Cambridge，1962.

③ Померанц Г. С. Дороги духа и зигзаги истории. С. 8.

④ Григорьева Т. П. Буддизм и современная мысль // Вопр. философии. 2015. № 6. С. 135 - 137.

处，包括词语、停顿或沉默。正如一个一不能没有零一样（反之亦然），没有沉默就没有言语。

正如妮娜·梅奇科夫卡娅指出的："在西方文化中，沟通交流不应该中断，应该时刻充满话语，至少制造交换信息的假象。"① 著名交际问题研究者迈·阿盖尔认为："在西方文化中，社交互动应该充满话语，而不是沉默。"②

> 用语言充实交流，好比用历史文化充实学生的头脑。

按照埃里希·弗罗姆的观点，意识的原子性质产生了"A 不等于 B"的逻辑，它揭示了人类的"外部"，而不是"内在"的历史。心理学家证明，这一原则是基于理性的互动方式。③

意识的"波浪"理论产生完全不同的世界观。东方文明的世界观"丰富了"人的内在，而不是外在的变化，这是其核心之一。哲学家埃里希·弗罗姆认为，基于 A 和非 A 是同一种东西这一自相矛盾的思维，产生了宽容、忍耐以及人改变自己的渴望。④

与此相关的另一个结论来自于语言学领域。

从语言学家、哲学家和心理学家的研究中可以得出，东方代表的沉默与交流中的模糊性和不确定性有关，比其他事物有更重要的意义。沉默的现象与日语交流中的歧义现象（或称"暧昧"）密切相关。

---

① *Мечковская Н. Б.* Социальная лингвистика：пособие для студентов гуманитар. вузов и учащихся лицеев. М.，2000.

② Argyle，M.，*The Psychology of Interpersonal Behaviour*，Harmondsworth：Penguin，1994，p. 283.

③ *Фромм Э.* Иметь или быть？М.，1986.

④ *Фромм Э.* Иметь или быть？М.，1986.

"暧昧"一词在俄语中具有更广泛的含义，可译成"不确定性、不清楚、模糊；模糊不清、捉摸不到、模棱两可、双关、两面性；两面派、犹豫不决、优柔寡断、没有信心、不可靠、支吾搪塞"。[①]

在西欧哲学和俄罗斯哲学中可以彻底研究这两种文化的差异。

西欧哲学的基础是理性和认识。

俄罗斯哲学主要包括：

- 理解生活的道德基础；
- 追求"世界之爱"（康斯坦丁·里昂惕夫）；
- 具有"同情全世界"的能力（费奥多尔·陀思妥耶夫斯基）；
- 渴望"绝对正义"（弗拉基米尔·索洛维约夫）；
- 寻找"绝对真理"（尼古拉·别尔嘉耶夫）；
- 寻求"绝对善良"（尼古拉·洛斯基）。

因此，他们对理解存在中的"超理性"、直觉和神秘的顿悟兴趣强烈。

这些结论基于文化对话领域中诸多文化学和社会心理学研究成果得出。[②] 尤其是，他们证明了对话者之间的互动。思维方式的差异决定了关于人格及教育的意义和目标的不同观点。

第二节　我们对沉默了解多少？

关于沉默有许多不同的理解和分类，这绝非偶然。沉默的本义是"存在的基石"，由此形成的理解存在于一切无限领域。这无限的差

[①] *Фудзинума Т.* Японско‑русский словарь. Токио，2000.

[②] *Степанянц М. Т.* От европоцентризма к межкультурной философии // Вопр. философии. 2015. № 10. C. 150‑162；*Иванов В. В.* Чет и нечет：асимметрия мозга и знаковых систем. М.，1978；*Кучинский Г. М.* Диалог и мышление. Минск，1983.

别范围证明心理情感与理性因素、语言与沉默的统一。

从哲学的角度来看，沉默的问题是世界历史的核心问题。当检察官本丢·彼拉多问"什么是真理？"时，耶稣以沉默作答。

有许多致力于研究沉默哲学的西方学者，如索伦·克尔凯郭尔①、马丁·海德格尔②、埃德蒙德·胡塞尔③。其中马丁·海德格尔是现代公认的举足轻重的沉默哲学家。他认为，沉默可以让人理解封闭的认知领域，而且真正的语言是沉默的语言。

"在什么情况下，词语能够成为语言？"令人惊讶的是，我们找不到合适的词语来形容我们的担心、不安、焦虑或激动。我们无法表达心中所想，语言的本质使我们遥远且得到瞬息间的感动。

"沉默"不仅是东方文化遗产中的一部分，而且是欧洲哲学的精神财富。1849 年索伦·克尔凯郭尔在随笔《沉默》中认为，沉默是人克制说话诱惑的艺术。他在日记中写道："当爱神丘比特离开普赛克时，他对她说：如果你能保持沉默，你将生一个神的孩子；但如果你不能保守这个秘密，他就会失去神性。每一个知道如何保持沉默的人都会成为神的孩子，在沉默中，他的思想会获得神性；说话的人便只能是一个普通人。"

爱丽丝·格林（A. B. Greene）在《沉默的哲学》一书中，讨论宗教传统和哲学沉默、沉默类型、沉默在苦行主义和神秘主义中的作用，并为尼古拉·别尔嘉耶夫、威廉·詹姆斯、亨利·伯格森的哲学

---

① *Кьеркегор С.* Страх и трепет：［этические трактаты］/пер. с дат. ，коммент. Н. В. Исаевой，С. А. Исаева；общ. ред. ，сост. и предисл. С. А. Исаева. М. ，1993.

② *Хайдеггер М.* Основные понятия метафизики. Мир – конечность – одиночество/пер. с нем. В. В. Бибихина［и др.］. СПб. ，2013.

③ *Гуссерль Э.* Кризис европейских наук и трансцендентальная феноменология：введение в феноменологическую философию/пер. с нем. Д. В. Скляднева. СПб. ，2004.

研究提供了参考价值。① 从研究哲学中的沉默观点来看，君特·沃尔法特（G. Wohlfart）② 和乔治·史坦纳（G. Steiner）③ 的著作颇有趣味，像《沉默的哲学》一样，试图将西方理性的和声渗透到保存完好的东方玄秘之中。④

必须提及在跨学科及心理方面开展沉默理论研究的学者有：阿·雅沃斯基（A. Jaworski）⑤、约翰·贝里曼（J. W. Berryman）⑥、约翰·凯奇（J. Cage）⑦、克莱尔（R. P. Clair）⑧、唐海尔（B. P. Dauenhauer）⑨、中根（I. Nakane）⑩、杜兰-塞拉诺和维达尔⑪。

路易·拉威尔将沉默划分为以下几种情况：

- 封闭的沉默；

- 反对的沉默；

① Greene, A. B., *The Philosophy of Silence*, New York：R. R. Smith, 1940, p. 254.

② Wohlfart, G., Boncela A., O milczeniu-Nietzsche i Kierkegaard：filozoficzne uwagi o pojęciu milczenia w pracach Nietzschego i Kierkegaarda // Przegląd Filozoficzny. Nowa Seria. 1998. № 4. S. 215 – 222.

③ Steiner, G., Kubińska O., Rzeczywiste obecności. Warszawa；Gdańsk, 1997.

④ Stachewich, K., Milczenie wobec dobra i zła：w stronę etyki sygetycznej i apofatycznej. Poznań, 2012. S. 71.

⑤ Jaworski, A., *The Power of Silence：Social and Pragmatic Perspectives*, Newbury Park, 1993.

⑥ Berryman, J. W., "Silence is Stranger Than it Used to Be：Teaching Silence and the Future of Humankind（Existential Meaning in Nonverbal Religious Expression and Creativity）," *Religious Education*, Vol. 94, Iss. 3, 1999, pp. 257 – 272.

⑦ Cage, J., *Silence：Lectures and Writings*, Middletown：Wesleyan University Press, 1961, p. 312.

⑧ Clair, R. P., *Organizing Silence：A World of Possibilities*, New York：State University of New York Press, 1998, p. 259.

⑨ Dauenhauer, B. P., *Silence：the Phenomenon and Its Ontological Significance*, Bloomington：Indiana University Press, 1980, p. 213.

⑩ Nakane, I., *Silence in Intercultural Communication：Perceptions and Performance*, Amsterdam：Benjamins, 2007, p. 239.

⑪ Duran-Serrano, Y., Vidal, L., *Silence heals*, 2012. p. 186.

- 纪律的沉默；

- 威胁的沉默；

- 委屈的沉默；

- 同意的沉默；

- 承诺的沉默；

- 奖赏的沉默；

- 拥有的沉默。

语境和情境因此富有表现力。沉默有不同的方面：本体性的、认识论的、存在主义的、价值论的和道德上的。沉默被认为是各种意义和功能的现象，具有极大的表达力。沉默需要一种具体的诠释策略，来揭示其语境意义、沉默着"阅读"和在特定情况下沉默的原因。[①]

沉默的分类。在一项"对话教学"课程的任务中，要求学生给出自己的沉默定义，并将其分类。

沉默在心理学、语言学、哲学等各门学科中有很多定义。当自己"无话可说"时说出别人的言语和思想意味着要保持沉默。相反，当你欣赏一件艺术作品时，会有很多感悟，此时要保持沉默，无须多言。

沉默对你来说意味着什么？实际上，在不说话的时候，每个人的内心都可能发生"激烈的战斗"。你是否总是在沉默中与自己对话？或许，你在长期思考后突然找到一种解决方案，此时，沉默是一种洞察力，是一种启示，更是一种创造力。

　　用一句话说出你学习沉默的定义。沉默是……

---

① Gadacz T. Historia filozofii XX wieku. Nurty：w 2 t. Kraków，2009. T. 1：Filozofia ż ycia，pragmatyzm，filozofia ducha.

分析你最近三天的交际情况，对沉默进行分类。并附上例子。

以下是一些学生对"沉默是……"问题的回答：

- 冷漠；

- 良好表达的间隔符；

- 人的心态情况；

- 人关注特定问题的状态；

- 调整头脑中的思想冲动；

- 交谈时陷入沉思；

- 情感表达、在交流过程中对对方问题或叙述的反应，取决于传递信息的具体语境；

- 不与他人交流而只在自己脑中思考的想法；

- 感受没有你参与的世界的方式；

- 整理思路的方式，交流间的停顿；

- 休息方式；

- 某种能力、技巧；

- 大脑短路；

- 最突出的情感交际；

- 不愿意被听到；

- 智慧的风格；脱颖而出、引人注目的能力；人的精神状态；

- 无声的思想，未受外在刺激时，引起有助于有利情绪和行为的变化；

- 自我认识、自我对话的工具；

- 人控制自己思想的能力；

- 防止我们做出轻率的行为、说出尖刻的话的一种美德。

根据学生的回答可以将沉默划分为几种类型。沉默表达以下概念：幸福、忽视、智慧、控制、尴尬、思考、平静、羞耻、精力、情感表达、防御机制、缺乏自信、交流后的休息、肯定、绝望、冷漠、赞同、沮丧、满意、享受、孤独、困窘。

许多学生以描述的形式说明沉默。这些沉默类型揭示：

• 人的心理状态；

• 个人的性格特征；

• 对谈话者的态度［展示的、沉思的、感兴趣的、咆哮的、侮辱性的、排斥性的、胆小的、害羞的（没有信心的）、有创造力的、固执的］；

• 人的情感状态（感激的、愤怒的、愉快的、委屈的、凶狠的、失望的、嫉妒的、同情的、满足的）；

• 出于礼仪规范［礼貌的、策略的、仪式性的（节哀）］。

答案中也包括这样的沉默定义，例如：真空的、外部/内部的、集体的、宗教的。

由于以下原因引发的，包括这些沉默类型：

• 由特定原因引发的：沉思、不确定、感情过度、快乐、窘迫、压力、疲劳、警惕、意外、恐惧，反对、震惊、命令；

• 或由目标引发的：为引起注意，集中精力倾听。

在语言学中，沉默被认为是语言交流之前的对话。当代哲学家谢尔盖·霍鲁日说，心灵的沉默是不可思议的。与口头沉默相反，它并不意味着缺乏交流，它是最完全、完整的形式，是超越经验和永恒的形式。①

---

① *Хоружий С. С.* Молчание как семиозис в практике и мистике исихазма ［Электронный ресурс］: тезисы доклада на Симпозиуме по психологическим проблемам феномена молчания, Рига （Латвия）, апр. 2005 г. URL: http: // synergia - isa. ru/lib/download/lib/% 2B065 _ Horuzhy _ Molchanie. doc （дата обращения: 13. 08. 2016）.

的确，沉默不仅深入自己的根源，而且是一条通向心理情感价值层面的道路，无意识地揭示宇宙奥秘。著名诗人费奥多尔·秋切夫写了一首关于沉默的诗，认为在沉默中诞生的词语是从心灵到天空的桥梁。词语的巨大力量在沉默中逐渐成熟并增强。[1]

俄罗斯女诗人茨维塔耶娃认为，沉默是一条通向无意识的，与自己、他人、上帝无障碍交流的道路：

> 眼睛看着——看不见的远方，
> 心肠看着——看不见的纽带……
> 耳朵听着——前所未闻的传闻……
> 黎明时分——缓缓的血液……[2]

女诗人找到了一个无言的符号——破折号，这是她表达不可言状时的方式，往往比词语更重要。[3]

> 世界完全变成了：
> 吮吸声音的耳郭，
> 具有灵魂的耳郭！……
> 进入心灵之时，犹如走入掌心。[4]

---

[1] *Маслова В. А.* Когнитивный и коммуникативный аспекты художественного текста: монография. Витебск, 2014.

[2] Марина Цветаева – Георгий Адамович: хроника противостояния/сост., предисл., примеч. О. А. Коростелева. М., 2000.

[3] *Маслова В. А.* Указ. соч. С. 28.

[4] Марина Цветаева – Георгий Адамович: хроника противостояния. 2000. С. 206.

第三节　教育学中的沉默

如果我们分析沉默研究的结果，那么真的会陷入其中。大量基于哲学和心理学视角研究沉默的文章已经发表，教育学中关于沉默教学法的研究也超过关于谈话教学法的研究。

毕达哥拉斯学派曾对教学中的沉默进行相关论述。根据规则，新人要接受五年的沉默课程，掌握如何用"沉默说话"，以及自我约束言语的能力。沉默是一种艺术，它可以让你学会倾听，并在听的时候为说话做好准备。毕达哥拉斯学派的沉默促进了思维的发展。与阻碍人精神发展的喧嚣和废话不同的是，沉默创造了反思和分析的空间。

柏拉图认为，沉默是思考的自然环境，思维是在沉默中产生的自己与灵魂的对话。沉默是有效倾听的前提：静静地听我说。

玛利亚·蒙特梭利（M. Montessori）的沉默课要证明身体和精神的统一是通过运动和沉默来实现的，沉默时内心的平和有助于人的现实建构。这位意大利历史上第一个女医学博士在沉默课上提出了具体的方法：

- 聆听沉默；
- 轻声告诉学生静静地从座位上站起来，走到老师面前；
- 把注意力集中在一个意念（目标）上；
- 发散并充满情感地感受。

英国研究员赫·利兹指出，许多神经生理学和临床试验数据证实了沉默能够改善心理健康情况。此外，沉默中的学生能够以更加充沛的精力投入到学习中，这对他们的行为产生了积极影响。"临床试验主要考虑到注意力和冥想的沉默会给健康带来益处，包括降低血压和减少躁动。现在这些课程应用于国家医疗机构治疗复发性抑郁症患者。"①

奥利查克（T. Olearczyk）和阿·贾沃斯基（A. Jaworski）专门分析现有的沉默教学理论和实践。但主要涉及沉默的情感价值、心理生理方面，如儿童纪律观念的形成、注意力的发展、行为标准和规范。奥利查克教授表明，沉默是必须的，它存在于人和社会的生活中。他试图分析二维空间中的沉默现象：

- 沉默是一种物理现象（没有声音）；
- 沉默是一种心理现象（内心世界的和谐）。

根据分析结果，研究者强调保持沉默在教育过程中至关重要："沉默是集中精力、理性思考、科学工作的必要元素，也是心理平衡的一部分。"在学习、自我发展和意志的形成中，沉默发挥着不可或缺的作用。"沉默教育学不是语言教育学（对话、观点）的替代品，而是语言的基础，是必不可少的先决条件。"②

我们应该学会保持沉默，与沉默交朋友，以便了解内心深处的感受，真实表达自己的想法。这不仅适用于学生，而且适用于教师。研究者指出沉默课程的重要性，它有助于人与人之间的沟通和交流，有助于理解和听取他人的观点，理解他人的行为和表情（细微表现）。

顺应交际型教学的发展趋势，一些学者正在研究沉默教学法。"如果你研究创新公开课，会看到课程中有很多种问答方式——教

---

① Lees, H. E., "Silence as A Pedagogical Tool. Using Silence Effectively in the University Classroom Has Pedagogical Benefits ［Electronic Resource］," // World University Rankings ｜ Times Higher Education （THE）. URL：https：//www. timeshighereducation. com/comment/opinion/silence－as－a－pedagogical－tool/ 2006621. article （дата обращения：13. 08. 2018）.

② Olearczyk T. E. Pedagogia ciszy. KrakÓw, 2010. S. 9.

师的提问和学生们的快速回答。尽管学生需要运用沉默来认真思考问题并作答，'暂停'自己刚刚表达的错误，但却没有沉默的空间。"①

沉默法如何又为何可以列入每个学校的教学大纲？为什么研究沉默会很有趣？

教育实践正努力"适应"目前"知识银行"的教学理念。② 研究者指出："目前学校教学大纲没有达成共识或制定明确的目标。"③

阿·卡兰法（A. Caranfa）④、丹·库珀（D. E. Cooper）⑤、赫·利兹的文章尤其具有参考价值。

利兹建议将沉默作为一种使学校政治民主化的方式。"如果没有人说话，谁也不能操控他们。"⑥ 并讲述了她在两小时研讨会上停顿三分钟后的结果。"学生除了获得和吸收新信息，还应感受到身心的

① *Роботова А. С.* О диалоге，монологе и молчании в образовании ［Электронный ресурс］ // Высшее образование в России. 2015. № 8/9. C. 126. URL：http：// cyberleninka. ru/article/n/o – dialoge – monologe – i – molchanii – v – obrazovanii （дата обращения：13. 08. 2016）．

② Doll，W. E.，*A Post-modern Perspective on Curriculum*，New York：Teachers College Press，1993，p. 213.

③ Berryman，J. W.，"Silence is Stranger Than it Used to Be：Teaching Silence and the Future of Humankind（Existential Meaning in Nonverbal Religious Expression and Creativity），" *Religious Education*，Vol. 94，Iss. 3，1999，pp. 257 – 272.

④ Caranfa，A.，"Silence as the Foundation of Learning，" *Educational Theory*，Vol. 54，Iss. 2，2004，pp. 211 – 230.

⑤ Cooper，D. E.，"Silence，Nature and Education，" in A. Kristiansen，H. Hägg. Kristiansand，eds，*Attending to silence*，2012.

⑥ Lees，H. E.，"Choosing Silence for Equality in and through Schooling，" *Forum*，2016，Vol. 58，N. 3. P. 399 – 406，URL：http：//www. wwwords. co. uk/rss/abstract. asp? j = forum&aid = 6309&doi = 1 （дата обращения：13. 08. 2018）．

空间……有些人看着窗外，有些人写笔记，有些人闭上眼睛可能在冥想。"①

利兹谈到"开发"沉默方法的必要性。只有这样，沉默才会产生积极的作用，而不是在特殊强制的条件下进行。

应该说，传统观念认为沉默能够传递信息，但在我们看来，这削弱了沉默作为"润滑剂"的作用。

我们可以将学生在教育中传递信息的过程与人的风格或生活方式进行比较。一个人可能很健康，也可能快速的衰老和生病。健康的生活方式比保健的补剂更重要。如果一个人的生活方式不健康，任何有益的营养补充剂都无法阻止疾病的产生。在教育方面也是一样，独白或知识传授是向不同的人传播相同的、不同的或共同的知识，会阻碍每个学生实现目标、进行自我认知，妨碍他们识别和发现自己的潜能、取得不同于其他学生的教育成果。

如果学生教育成果的外部表现形式是看得见的（制定假设、执行计划、编写赞美诗、设置形象符号等），那么内部表现形式就是学生的个性成长，是一个人的认知能力、创造能力和组织能力等素质。② 换句话说，内在部分是学生本身，是自我实现和素质提高。在教学中，当学生的观点与教师不一致而被迫保持沉默时，则产生负面沉默。③

---

① Lees, H. E., "Silence as A Pedagogical Tool. Using Silence Effectively in the University Classroom Has Pedagogical Benefits [Electronic Resource]," World University Rankings | Times Higher Education (THE), Режим доступа: https://www.timeshighereducation.com/comment/opinion/silence-as-a-pedagogical-tool/2006621.article. – Дата доступа: 13.08.2018.

② *Хуторской А. В.* Дидактическая эвристика: теория и технология креативного обучения. M., 2003.

③ Reda, M. M., *Between Speaking and Silence: A Study of Quiet Students*, New York: SUNY Press, 2009, p.48.

但是，如果我们扪心自问，"负面"沉默从何而来？教师把人类的经验单向灌输给学生时，教师是积极活跃的，他们积极设定目标、提出问题。本质上说，老师在支配自己头脑中唯一正确的观点，而学生则被引导接受这一"观点"。

研究表明，沉默应该是有规律的而不是毫无章法可循的，只有这样，才能产生积极的影响。我们同意这一说法，因为虽然人在食物中定期使用营养剂可以提高生活质量，但影响力却不如生活方式大。

第四节 "教育"沉默的广义概念

有研究者指出，中高等教育学中的沉默研究对日本、韩国、中国这些高语境文化区尤为重要。持此观点的研究者有：科尔涅娃（A. G. Korneva）[1]、古列维奇（T. M. Gurevich）[2]、雅沃斯基（A. Jaworski）[3]、中根（C. Nakane）[4]。

古列维奇认为："日本人被称为传统沉默文化的承载者，是冷静地交流文化，几乎没有外在的表现。"日本人信奉沉默价值、喜欢使用沉默语言。持此观点的研究者有：巴伦德（D. Barnlund）[5]；克兰西

---

[1] *Корнева А. Г.* Молчание в японской культуре（опыт лингвосемиотического анализа）// Вестн. Новосиб. гос. ун – та. Сер. : Лингвистика и межкультурная коммуникация. 2007. Т. 5，вып. 2. С. 70 – 77.

[2] *Гуревич Т. М.* Неговорение в японском дискурсе // Восток – Запад: историко – литературный альманах: 2003 – 2004. К 85 – летию С. Л. Тихвинского/под ред. В. С. Мясникова. М.，2005. С. 299 – 308.

[3] Jaworski, A., *The Power of Silence: Social and Pragmatic Perspectives*, Newbury Park, Calif: Sage, 1995, p. 189.

[4] Nakane, C., *Japanese Society*, Tokyo: C. E. Tuttle, 1995, p. 162.

[5] Barnlund, D. C., *Public and Private Self in Japan and the United States: Communicative Styles of Two Cultures*, Tokyo: Simul Pressokyo, 1975, p. 201.

（P. Clancy）①；戴维斯（R. J. Davies），池野修（O. Ikeno）②；土井（T. Doi）③；拉福吉（P. G. La Forge）④；勒布拉（T. S. Lebra）⑤；里奥洛夫迪（L. Loveday）⑥。

"在日本，日常对话、商务会议和学校课堂的沉默比西方国家更为普遍，持续时间更长。"⑦持此观点的研究者有：萨维尔·特罗伊克·穆里尔（M. Saville-Troike）⑧；约翰·克兰奇（P. Clancy）⑨；莱赫托宁（J. Lehtonen），沙加瓦拉（K. Sajavaara）⑩；苏珊·飞利浦（S. U. Philips）⑪；罗恩·斯考伦（R. Scollon），苏珊娜·斯考伦

---

① Clancy, P., "The Acquisition of Communicative Style in Japanese," in B. B. Schieffelin, E. Ochs, eds., *Language Socialization Across Cultures*, Cambridge, 1986, pp. 213 - 250.

② Davies, R. J., Ikeno, O., *The Japanese Mind*: *Understanding Contemporary Japanese Cultur*, Boston: Turtle Publishing, 2002, p. 51.

③ Doi, T., "Some Psychological Themes in Japanese Human Relationships," in J. C. Condon, M. Saito, eds., *Intercultural Encounters with Japan*: *Communication-contact and Conflict*, Tokyo, 1974, pp. 17 - 26.

④ La Forge, P. G., *Counseling and Culture in Second Language Acquisition*, Oxford: Pergamon Press, 1983, p. 141.

⑤ Lebra, T. S., "The cultural significance of silence in Japanese communication," *Multilingua*, Vol. 6, Iss. 4, 1987, pp. 343 - 357.

⑥ Loveday, L., *The Sociolinguistics of Learning and Using A Non-Native Language*, Oxford: Pergamon Press, 1982, p. 196.

⑦ Nakane, I., *Silence in Intercultural Communication*: *Perceptions and Performance*, Amsterdam, 2007, p. 51.

⑧ Saville-Troike, M., "The Place of Silence in An Integrated Theory of Communication," in D. Tannen, M. Saville-Troike, eds., *Perspectives on Silence*, Norwood, 1985, pp. 3 - 18.

⑨ Clancy, P., "The Acquisition of Communicative Style in Japanese," in B. B. Schieffelin, E. Ochs, eds., *Language Socialization Across Cultures*, Cambridge, 1986, pp. 213 - 250.

⑩ Lehtonen, J., Sajavaara, K., "The Silent Finn," in D. Tannen, M. Saville-Troike, eds, *Perspectives on Silence*, Norwood, 1985, pp. 193 - 201.

⑪ Philips, S. U., "Participant Structures and Communicative Competence: Warm Springs Children in Community and Classroom," in C. B. Cazden, V. P. John, D. Hymes, eds., *Functions of Language in the Classroom*, New York, 1972, pp. 370 - 394.

（S. B. K. Scollon）①。

大量的科学研究表明，日本儿童从小使用沉默进行社会交往，特别是在家庭环境中。

对比分析东亚地区和西欧文化中的沉默作用及价值是很有趣的。研究发现，不仅日本人，其他语言社区对沉默的包容度也比西方社会高，而且更积极地保持沉默。持此观点的研究者有：基斯·巴索（K. H. Basso）②、恩尼格（W. Enninger）③、格雷戈里·诺耶（G. O. Nwoye）④、罗恩·斯考伦（R. Scollon）⑤。

中根举了阿塔巴斯坎印第安社区的例子。那里的儿童教育是无声的，他们静静地聆听和观察成年人的言行，而不像英美儿童那样，通过发现问题和指出错误接受教育。⑥

在加拿大奥达瓦保留地，普通印第安学校的学生更容易理解印第安教师，印第安教师的平均"等待时间"为 4.6 秒，非印第安教师的"等待时间"为 2 秒，学生的反应能力因此减弱。

---

① Scollon, R., Scollon, S. B. K., "Face in Interethnic Communication," in J. C. Richards, R. W. Schmidt, eds., *Language and Communication*, London, 1983, pp. 156 – 188.

② Basso, K. H., "To Give Up on Words: Silence in Western Apache Culture," in P. P. Giglioli. Harmondsworth, eds., *Language and Social Context*, Harmondsworth, 1972, pp. 67 – 86.

③ Enninger, W., "What Interactants Do with Non-talk Across Cultures," in K. Knapp, W. Enninger, A. Knapp-Potthoff, eds., *Analyzing Inter-cultural Communication*, Berlin, 1987, pp. 269 – 302.

④ Nwoye, G. O., "Eloquent Silence Among the Igbo of Nigeria," in D. Tannen, M. Saville-Troike, eds., *Perspectives on Silence*, Norwood, 1985, pp. 185 – 191.

⑤ Scollon, R., "The Machine Stops: Silence in the Metaphor of Malfunction," in D. Tannen, M. Saville-Troike, eds., *Perspectives on Silence*, Norwood, 1985, pp. 21 – 30.

⑥ Nakane, I., *Silence in Intercultural Communication: Perceptions and Performance*, Amsterdam: Benjamins, 2007, p. 239.

有研究者认为，人们常常把亚洲学生形容为矜持、安静或沉默：

● 在英语为外语方面，如久保田竜子（R. Kubota）①、D. J. 杨（D. J. Young）②；

● 在高等教育方面，如巴拉尔德（B. Ballard）③，约翰·克兰奇（J. Clanchy）④，刘军（J. Liu）⑤；

● 在跨文化研究方面，如马里奥特（H. E. Marriott）⑥，米尔纳（A. Milner）、奎尔蒂（M. Quilty）⑦。

第五节　古代沉默的实践成果

沉默的内心情感因素居多，这就决定了它在古老的东方文化（道教、佛教）和美洲印第安人文化中具有特殊神秘作用。沉默是一种心理情感实践，它比理性更古老、更深刻。它于外部世界限制人的途径表现为苦行主义和克制，即一种自我认知、与造物主沟通的

---

① Kubota，R.，"Japanese Culture Constructed by Discourses：Implications for Applied Linguistics Research and ELT，" *TESOL Quarterly*，Vol. 33，Iss. 1，1999，pp. 9 – 35.

② Young，D. J.，" An Investigation of Students' Perspectives on Anxiety and Speaking，" *Foreign Language Annals*，Vol. 23，Iss. 6，1990，pp. 539 – 553.

③ Ballard，B.，"Through Language to Learning：Preparing Overseas Students for Study in Western Universities，" in Hywel Coleman，ed.，*Society and the Language Classroom*，1996，pp. 148 – 168.

④ Ballard，B.，Clanchy，J.，*Teaching Students from Overseas：A Brief Guide for Lecturers and Supervisors*，Melbourne：Longman Cheshire，1991，p. 100.

⑤ Liu，J.，"Understanding Asian Students' Oral Participation Modes in American Classrooms，" *Journal of Asian Pacific Communication*，Vol. 10，Iss. 1，2000，pp. 155 – 189.

⑥ Marriott，H. E.，"Japanese Students' Management Processes and Their Acquisition of English Academic Competence during Study Abroad，" *Journal of Asian Pacific Communication*，Vol. 10，Iss. 2，2000，pp. 279 – 296.

⑦ Milner，A.，Quilty，M.，*Comparing Cultures*，Melbourne：Oxford University Press，1996.

方法。

罗·斯皮尔曼在印第安人保留地生活了很长时间，并记录下了他们的谚语："要想了解自己，去和山上的石头交流吧。""你的沉默可能是祈祷的一部分。"① 换句话说，这指的不是扩展，相反，是限制自己，是某种苦行的方式——让人往内看而不是往外看。由此得出古代沉默的独特价值观和实践结果：

- 自我认识；
- 形成个人的道德、意志品质；
- 不带偏见地看世界。

"智者深信，沉默是完美的平衡标志。沉默是身体、智慧和精神的绝对平衡。一个保持个性的人总是平静的，而且不受生存环境因素的影响。他不是树上摇曳的叶子，也不是闪闪发光的池塘表面的涟漪，他在无法言喻的智慧中拥有理想的生活态度和行为。沉默是性格的基石。"②

胡托尔斯基强调有目的个性化的教学原则。③ 这些原则具有完全可以理解的、古代社会的文化内容。

相对于普通教育而言，有目的个性化原则承认每个学生与众不同，具有个人天赋及自我意志，承认学生具有学习和发展的潜能，潜能以个人成长轨迹实现。

这种假设反映人类文化最古老的思想，即每个人都有自己的使命。

在印第安人看来，每个人都是由造物主带到地球上执行任务的。"地球上的一切都有其自身的目的，每一种疾病都有治疗它的良药，

---

① Spielmann, R., "You're So Fat!", *Exploring Ojibwe Discourse*, Toronto, 1998.

② *Хоружий С. С.* О старом и новом.

③ *Хуторской А. В.* Методика личностно - ориентированного обучения: как обучать всех по - разному: пособие для учителя. М., 2005.

每一个人都有自己的使命。"① 从科学的角度看，相对于自我和世界而言，人的使命是自我认识和自我实现。

每一粒未知植物的种子都有自己的生长轨迹。

在古代文化中，宿命论与不干涉他人生活相融洽。印第安文化的研究者布兰特（C. Brant）认为，印第安人的共同特征是不干涉他人。"例如，在皮克根社区，我很早就注意到人们不会把自己的想法强加于你。"有趣的是，社群的人会告诉另一个人即将发生的事情。"很少有人为制造紧张气氛或破坏和谐，试图迫使另一个人做出决定的情况发生。"

我们来比较另一种文化。在"中国、日本乃至整个东方，人们只是坐在那里，从不谈论你的私人生活，这都很正常"。②

印第安人不干涉他人生活，这一原则与有目的个性化原则相一致："每个学生如果承认另一个人的独特性，就应该以宽容的方式与其交流。"

布兰特说："在奥吉布夫文化中要有合作条件，不过在我的文化中协调合作时，好像人们感到更舒服。"

纳瓦霍语言中反映出尊重他人、向他人敞开心扉的深刻意义：

> 我去过大地的尽头。
>
> 我到过苍水的边缘。
>
> 我飞过天空的边际。
>
> 我攀过高山的峰端。
>
> 我找不到一个不是我朋友的人。

---

① Высказывания индейских вождей и старейшин［Электронный ресурс］// К Земле с любовью и знанием. URL：http：//poselenie. ucoz. ru/publ/vyskazyvanija_ indeyskih _ vozhdey_ i_ stareyshin/1－1－0－495（дата обращения：13. 08. 2018）.

② Spielmann, R. , "You're So Fat！", *Exploring Ojibwe Discourse*, Toronto, 1998.

"尊重意味着倾听，直到每个人都被倾听和理解。只有这样，才有可能实现平衡与和谐，实现印第安精神的目标。"①

尊重别人，究其原因不是西方文化中"平等"地看待他人的个性，而是追求"深入"元学科。弗·维·马良文说："一个简单的方法：当你绕着圈走的时候，你绕着自己的轴在转。简言之，围绕你的轴旋转是与圆向量相反的运动。所以当你绕着圈走的时候，你的内心在后退。你就是这样向内旋的旋涡。这就是生活的内在深度。"② "……智慧恰恰相反。"往前走就是往后走。中国道家指出："反者道之动，弱者道之用。"③

上述观点与另一种说法相符："印第安人做的一切都是以圆为标准的，因为世界的力量总是以圆形的方式运行，一切都趋于圆形。天空是圆的，地球像球一样是圆的，所有的星星都是圆的。当风达到它最大风力时，它会旋转。鸟把自己的巢穴建成圆形的，因为它们的信条和我们是一样的。太阳升起，又以圆形的轨迹落下。月亮也是如此，它们都是圆的。即使季节也形成一个很大圆轮，四季轮转，总是回到初始状态。人生是从一个童年循环到另一个童年，而且只要有力量推动，任何地方都是如此循环。"④

因此，在印第安文化和东方文化中，沉默教育是现代学校所必要的。沉默教育是关于学生个性化生活方式、道德品德教育的问题。

沉默文化是后全球化效应的一种特殊良药，可用于救治自我膨胀和自我缺失、媒体思维、抄袭他人、教育和健康恶化等病症。

事实表明，如今学生的焦虑程度与 20 世纪 50 年代精神病人相

---

① Spielmann, R., "You're So Fat!", *Exploring Ojibwe Discourse*, Toronto, 1998.

② Высказывания индейских вождей и старейшин.

③ 《道德经》第四十章。

④ Spielmann, R., "You're So Fat!", *Exploring Ojibwe Discourse*, Toronto, 1998.

似。这让人想起了西班牙哲学、神学家雷·帕尼卡（R. Panikkar）的话："世世代代的精神导师都认同，只有我们的精神之水平静时，才能真实地反映现实。"[1]

现实是我们需求的延伸[2]，"只有那些了解自己的人，才能让一切成为现在的样子"。用阿拉伯诗人鲁米的话说："现在我开始沉默，愿沉默将真理与谎言分开。"

第六节　沉默与元认知

深化是通向元学科原理的途径。学生在比较"自己"与"他人"的过程中，不仅开始自我的主观发现，而且开始关注元学科基础——"意识空间"的特殊地位，其中包含存在的主要含义。

学生的自我发现可以保证最有效的理解——掌握研究课题的元学科原理。[3] 从教育方法论的角度来看，这是将个人引入周围世界的行动，是发现自我的行动。人的延伸意识在数学上努力追求共同认识世界。因此，学生意识空间的扩展，把对世界的认识融入自己的知识中，改变着学生。学生建立自己元学科学习成果的时间，不同于花在获得综合学科、跨学科"知识"上的时间。

在中东文献资料中可以发现一个有趣的元学科例子："……在佛教三摩地状态下，感觉器官离开其肉体，但是思想（灵魂）就像一块木头，不再理解幸与不幸的差别，对这样的人来说，外部世界将不

---

① Panikkar, R., *The Rhythm of Being*: *The Gifford Lectures*, New York: Orbis Books, 2011, pp. 34 – 35.

② *Перлз Ф. С.* Эго, голод и агрессия/под ред. Д. Н. Хломова; пер. с англ. Н. Б. Кедровой, А. Н. Кострикова. М., 2000. （Золотой фонд мировой психологии）.

③ *Краевский В. В.*, *Хуторской А. В.* Предметное и общепредметное в образовательных стандартах // Педагогика. 2003. № 2. С. 3 – 10.

再存在。"①

这个例子反映出沉默教学法的最重要的结果之一就是学生可以掌握宇宙的元学科原理。

我们再看另一个例子。艾·邓肯（A. Duncan）在自己的回忆录中说："在录音棚里我度过了漫长的日日夜夜，试图创造一种舞蹈，通过身体的动作表达人的不同情感。"② 她静静地站立了几个小时，双手交叉在胸前，仿佛处于冥想状态之中，直到她发现"一切动作的起点和动力源泉"③。母亲彻夜为她弹奏的音乐发挥了作用："我发现，当我听音乐的时候，这些旋律源源流入，成为我体内唯一的舞蹈源泉。聆听着这些跳跃的音符，我把它们转化成了舞蹈。"④

由此，我们可以得出结论：沉默教学法中内部的整体知识可能比说话更重要。

第七节　个人沉默与群体沉默

有关思想与言语相互影响的观点一直存在。同时还存在另一种观点，即言语会抑制思想的产生。中国道家"大辩不言"的说法有力地证明了这一点。

我们拥有的信息远远超过我们所表达的。例如，品尝蜂蜜的人知道它的味道，但无法表达它。汉·阿伦特（H. Arendt）的话与前述观点一致："伟大的哲学家几乎都在强调，除了书面文字，总有一些

① *Пахомов С. В. Источники сотериологического знания и знание – состояние в индуистском тантризме // Вопр. философии. 2015. № 8. С. 164.*

② *Айседора Дункан: сб. /сост. и ред. С. П. Снежко; вступ. ст. и коммент. Н. К. Ончуровой. Киев, 1989. С. 70.*

③ *Айседора Дункан: сб. /сост. и ред. С. П. Снежко; вступ. ст. и коммент. Н. К. Ончуровой. Киев, 1989. С. 70.*

④ *Айседора Дункан. С. 70.*

'难于表达'的东西。思考时会意识到的东西，由于某种原因无法用语言描述，并传达给另一个人。如果没有意识到世界上不可能存在'难于表达'，好像不可能有任何形式的形而上学意识，把存在看作本身的存在、意义、完整性，那么，生活只是可以用词语定义的现实，就好像触摸地球表面的尘埃，而不是挖掘地球。"①

波兰学者玛·扎瓦达（M. Zawada）证实："沉默可以揭示言语的不完整性、短暂性及不完善性。许多重大人类问题都超出语言的范围，必须对这种思想了解之后，才能理解其中的精神实质。"②

再引用另一位波兰学者亚伯拉罕·赫舍尔（A. Heschel）同样的观点："人的特点不仅在于有掌握文字和符号的能力，而且在于即使他被那些存在但无法用语言表达的东西蒙蔽，依然能够区分可以用文字表达的和不能用文字表达的东西。"③

上述引文证明，用言语表达的思想和最初思想相矛盾。

沉默不仅是智慧的标志，也是一个人看到不需要言语表达完整内容的尺度和能力。

言语如行动一样，总有完成的目标和方向。沉默像深度和完整性一样，没有方向。有许多证据表明，伟大的思想是无法用言语表达的。为了证明这一点，我们来看下面的例子。人们在欣赏艺术作品时，总是必须以不同的方式保持沉默。挪威作家和旅行家艾·卡格（E. Kagge）写道："我不能准确地知道为什么会这样，但每当我们面对伟大的艺术品，并试图理解艺术家的意图时，我们就会沉默下来或

---

① Stachewich K. Milczenie wobec dobra i zła: w stron ę etyki sygetycznej i apofatycznej. Pozna ń, 2012. S. 575.

② Zawada M. Zaślubiny z samotnością: znaczenie milczenia, samotności i ukrycia na drodze do Boga. Kraków, 1999. S. 343.

③ Heschel A. J. Człowiek nie jest sam: filozofia religii/przekład K. Wojtkowska-Lipska; wstęp S. Krajewski. Kraków, 2001. S. 13 – 14.

低声耳语。这让我想起了南森关于星空的看法。"[1]

言语永远不会正确地表达形象，就像虚数的算术和并不总是等于整数一样。这个形象是一体的、完整的。而言语总是在形象及其描述之间制造一些空隙。这种空隙无法用词语确定其含义。爱因斯坦清楚地描述过这种"冲突"："如果数学定律很准确，它就不能表达现实。如果表达现实，那它就不准确。"在这种情况下，数学定律是言语，是表面的；现实是沉默，是有深度的。

上述观点强调量子力学的一个基本原则：粒子的位置越精确，它的动量就越不精确，这是不确定性原理的实质所在。基本粒子是构成物质的最基本单元。美国著名物理学家罗伯特·奥本海默（R. Oppenheimer）思索并巧妙回答了"什么是电子"这个问题："我不知道什么是电子，电子既是粒子又是波。"

在整体与部分之间、在不断变化和"此时此刻"不变的静态之间，存在思想与言语、弗洛姆的"存在与拥有"范畴间的"差异"。

学生的作业。有媒体思维的人比掌握话语思维的人更接近事实。在解释意义和叙述中有思想、有思想的方向性，但与真理存在距离且完整性缺失。同样，针对"某物"的词语永远不能准确地传递完整的图像——有表达或有方向的图像。

你怎么认为？请用一系列问题来证明或反驳这个观点吧。

任何事情的完整和完成阶段都缺乏行动的动机。事实上，这意味着行动总是不完整和不完美的。用语言表达的思想也具有不完整的特征，但不是思想的特征，而是其原始意图。不需要言语的图像具有完整性，它使言语变得多余。因此，"言者不知，知者不言"说的就是

---

① *Кагге* Э. Указ. соч. С. 116.

图像的完整性，也就是知识的完整性。这大致与修道士西卢万·阿方索的想法相符：写作是因为受到恩惠。但假如受到更大恩惠，他就不会动笔了。[①]

从整体思维过渡到思维本身，意味着要建立沉默的间隙。图像总是比其词语表达形式——词序，更能体现出基础性。说话时丢失的原始图像含义不会随着言语消失，而是变成了现实和幻觉的曲解。

从整体思维过渡到单一、单向思维就会出现沉默的间隙。

同样，津巴多（F. Zimbardo）的观点令人信服：如果给予足够时间，运动将会关闭人与人之间的通道，从而使说话者陷入沉默的间隙中。

我们认为，沉默的间隙表示沟通中存在障碍，各种各样的障碍，如语义的、信息的、心理的。[②] 这些障碍确定人的内在空间及其认同边界，同时造成一个人对另一个人的误解。

这些障碍超出具体人的范围，并扩展到与他人的相互关系上。

于是出现一个问题：人内在的沉默多，还是人与人之间的沉默多？

当无话可说的时候，人内在的沉默——"耗竭"阶段的沉默越多，人与人之间的沉默——世界的沉默就越多：人人都在说，但是空

---

① *Померанц Г. С. Собирание себя：курс леций.* М.；СПб.，2013.

② *Ильин Е. П.* Психология общения и межличностных отношений. СПб.，2009.

话连篇。无论如何，沉默是一种能力，有助于克服这些障碍。它是一种特殊的元交流方式，成为人们相互理解的"仲裁者"。

第八节　沉默与教学时间

为什么我们的时间越来越少？因为信息越来越多。有数据显示，每18个月信息量就增加一倍。每个时代的时间都变得越来越短。如果古代持续了几千年，中世纪持续了几百年，那么每下一个时代就会比上一个缩减几分之一。目前，我们每个人都能想象世界变化的速度。这与综合信息量增大密切相关。

信息的传递引发教学时间的问题。在学科定位教育中，"……学生对特定现实理解程度与所研究材料的数量成正比"。[1] 如果把教育内容看作必须向学生传递的人类经验，那么很明显，传递教育内容所需的时间就是在学校学习的时间。

在教育内容的独白性质下[2]，许多教学体系和教学法都进一步强化给学生传授社会文化经验的过程。开发学生右脑"资源"类似于不断创新深井钻探技术，以及在难以作业的地方开采大量能源。

同时，教学中的沉默能解决这个问题。学生让世界赋予个人的意义和内容，因而发现自我处于"未发现"和"缺失"历史时代感的状态。托·艾略特将学生的发现与非源于时间的时间瞬间联系在一起。在《寻找失去的时间》中，马·普鲁斯特说："时间在睡眠和觉

---

[1] *Куписевич Ч.* Основы общей дидактики. М. : Высш. шк. , *1986.* C. 98.

[2] Содержание образования рассматривается в качестве педагогически адаптиров анного социального опыта, передаваемого без учета личностных особенностей ученика.

醒之间的一瞬间溜走。"① 睡眠和觉醒是两种不同的状态，即元时间和历史时间。

通过"自我之路"，学生处于元时间状态。现有的"外部"客观（历史）的时间与"内在"的——非历史的时间、元时间对接。学生自我改变的行为是一种自我重生、否认时间长度的行为。"我们自然科学的时间、时间划分和时间单位变化的抽象概念从一开始，正是由于构成其方式本身，而失去内容丰富的特征。"②

学生的成长、变化程度与之前的"重生"——发现——相互联系，构成元时间的基础。

在沉默中人因发现自我，向世界敞开心扉。

很明显，"未知的种子"概念使学生的沉默成为一种能力。③

第九节　沉默的对话性

随着人对自身起源认识的逐渐深化，沉默使我们自然而然地寻找人内在的空间概念。距离物体过近或过远都不可能给你一个完整的视野，一个人站得越高，就能看到越多的"线"，这些线把观察的对象与其他物体连接起来，使这幅画看起来更完整。

视觉空间是思想和沉默的空间。人与外界的距离是修行的距离，是内在的思想，是外部空间内部化。

沉默是人的内在属性，为人开凿一口兼具思想、动机、质疑之"井"。人在沉默中越是深入自我思想之"井"，他的沟通就越深入，问题也越来越少，但每个问题包含的知识越来越多。此外，问题开始

---

① *Пруст М.* В поисках утраченного времени. СПб., 2013.

② *Трубников Н. Н.* Время человеческого бытия. М., 1987. С. 158.

③ *Король А. Д.* Молчание в обучении：методологические и дидактические основы. Минск：Выш. шк., 2019. С. 68.

变得简单、睿智。

深入自己内心的过程类似于考古发掘：每下一层都更完整、更形象生动。从学会说话和"稚嫩"的思维到更古老的心灵层面都伴随对自己和世界高质量认知的变化。

不仅是在沉默的时候，在提问的时候也一样，人与世界是开放的，是"面对另一个不同的本体的开放"（本体论开放范式）。[①]

问题是动机的"矛头"，具有多种传播意义：历史主义动机、理性与非理性、超越性与内在性、主观与客观、可衡量与非可衡量。

提问与沉默无形地联结在一起。

为了评估提问式教学体系的有效性，数以万计的师生开展了多年研究。研究表明，最高级别小组（提出了更有创新问题的"为什么"小组）的同学与另两组（"是什么？""怎么办？"问题小组）的同学比较，前者更加沉默。这完全符合中国"智者寡言"的观点。

相反，沉默是人寻找自己意义和目标的方式，是发现更多问题而寻找答案的方式。

一　逆向思维中的沉默

如果提问是引导学生向外构建关于自己周围世界的知识体系，那么沉默就具有反向力量——内向，直指人的内心。在这些动态中，我们可以看到有趣的相似之处。启发式对话中的三段式问题模型和静修主义的三个阶段，即"个人与上帝交流的自然本能"——净化、启

---

① *Хоружий С. С.* « Бывают странные сближенья »: Патанджали, Палама, Кьеркегор как предтечи антропологии размыкания // Вопр. Философии. 2011. № 5. С. 41 – 51.

蒙和承恩①完全"反像"。

在俄罗斯的静修主义的精神实践中，"智慧的祈祷"试图将理性和先觉（智慧与心灵）相结合。通往真理的三个阶梯不仅存在于静修主义中，而且存在于东方学派的精神实践中：

- 限制欲望；
- 强化心智；
- 提升境界。

苏菲路径（心理人类学）是在停泊的阶梯上形成的，是在与肉体和感官世界低级自私的力量和精神层面斗争中出现的。然后，通过专注和祈祷方式，完成"心灵净化"，形成人稳定的精神中心——精神心灵。最后进入高级精神状态（见图7-1）。②

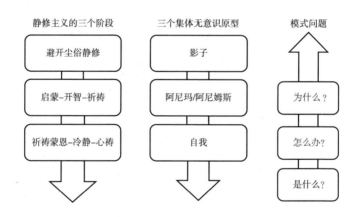

图7-1 苏菲路径

综上所述，沉默的第一步是避免外界的纷乱和喧嚣。第二阶段，重新认知，是将"自己"与"别人"的对话进行比较。第三阶段，

---

① *Иосиф Афонский*（*Исихаст*），старец. Изложение монашеского опыта/пер. с новогреч. В. А. Гагатика. Сергиев Посад，1998.

② *Иосиф Афонский*（*Исихаст*），старец. Изложение монашеского опыта/пер. с новогреч. В. А. Гагатика. Сергиев Посад，1998.

强调总结所取得的成果。因此，我们完全有理由得出以下结论。

> 教学中的沉默是启发式教学法的基础。
>
> 缄默者在实践中的沉默方法类似于启发式对话的方法。

二　学生的任务（在教育学课程框架下）

沉默式的提问。沉默是人与世界的一种"隔离"，在隔离中创造了新的现实、意义和动机。创造力是在寻找解决问题的方案，是说话时不可能找到的方案。而且，问题创造新的意义、动机、知识，会把我们引向原始开端——认识无知。

> 分析你的同学提出的问题，并确定提问艺术和沉默艺术之间是否存在相互联系。请解释一下你的回答。

一些学生的回答如下。

> 提问艺术和沉默艺术之间的相互联系是显而易见的。
>
> 当沉默转变成一个问题，沉默的艺术和质疑的艺术可能是一个立方体的两面……不仅仅存在相互联系，而且也存在过程之间的相互依赖。
>
> ——勒拉·波洛尼克，三年级，新闻系
>
> 在我看来，提问的艺术和沉默的艺术之间有直接关系。因为问题不是凭空而来的。当一个人默默思考时，问题就会出现。而他提问后，又静静地听回答。因此，人们在提问和沉默时发展自我、获得知识。

——亚历山大·德比，二年级，新闻系

我注意到，经常发表意见的一年级同学，不像沉默的同学那么有创造力。

——尤莉亚·马提耶夫斯卡雅，二年级，新闻系

如果眼睛被称为人心灵的窗户，那么这些问题就是他沉默的反映。

——阿纳斯塔西娅·普罗科彭科，二年级，新闻系

从上述学生的表述中，很容易发现一个共同的观点，如"一个立方体的两面""直接关系""反映"。这个观点使学生对提问与沉默艺术相互联系的问题，给予一致、肯定的回答。问题中使用"艺术"一词不是偶然的，回答时使用"创造力"一词也不是偶然的。纳·阿·伯迪耶夫指出，"创造力是通过自由的行为将非存在转化为存在"。可以说，沉默是通过质疑的行为将无知转化为知识。而恰恰相反的是：掌握提问的艺术和沉默的艺术会使人发现无知的智慧。即苏格拉底的名言："我知道我什么都不知道。"

在教室里说话之前可以先沉默。沉默可以替代说话，有时它比语言更响亮，教师也无法打断它。当译者需要翻译某个词时，通常要根据语境来翻译。因此，必须在情境中捕捉和理解学生的沉默。

学生的问题是令人非常惊讶的。弗·培根认为，一个充满智慧的问题就是知识的一半。而亚里士多德认为，我们所寻找的与我们所知道的数量相等。然而，问题不仅具有提供知识的功能，而且具有提高道德水平的作用。正如芬兰逻辑学家尤哈尼·辛提卡（J. Hintikka）指出，外部提问的意义恰恰在此体现，正确提出的问题可以认识和发

现我们逻辑深处暂时隐蔽的与周围世界相一致的问题。①

由此可见，问题包含心理分析功能，它决定思维乃至意识之外的东西。

思想与言语是统一体，沉默是充满思想的停顿。然而，在中国传统中，思想和语言是中国八对矛盾之一，即二者是对立的。言语意味着缺乏思想，一种顿悟的行为，一种非理性的暗示。"当思想耗尽时，顿悟就会到来。"秋切夫在《沉默！》一诗中写道："说出来的想法就是谎言。"②

语言和沉默的对立使我们转向思想的另一面，转向沉默的心理分析功能。的确，静修主义中的"智慧的沉默"、秋切夫的"说出来的想法就是谎言"或者来自中国古代典籍《昭德新编》所言："水静极则形象明，心静极则智慧生"，这些意识中思想"表面化"的雄辩证据，将我们引向"思想的另一边"，即心理分析研究。③

"是什么？""为什么？""怎么办？"这些问题在集体无意识方向中也可以看到。荣格认为，人类积累的经验被"存储"在集体无意识中，并在生命的某个时刻，如梦境、恍惚状态，可以为人们所接受。

在人格个性化的道路上有影子原型、阿尼玛/阿尼姆斯原型和被荣格称为"我们内心的上帝"④ 的自我原型。

影子原型——人个性化道路上的第一个原型。它是通过意识映射或冲突情况，使我们做梦时意识到自己是无意识的。因此，影子原型

① *Хинтикка К. Я. Ю.* Шерлок Холмс против современной логики: к теории поиска информации с помощью вопросов // Язык и моделирование социального взаимодействия. М., 1987. С. 265 – 281.

② *Тютчев Ф. И.* Silentium! // Лирика. М., 2010. С. 71.

③ *Юнг К. Г.* Психология бессознательного. М., 2003.

④ Робертсон Р. Введение в психологию Юнга. Ростов н/Д, 1999. С. 240.

与启发式对话的第一个问题"是什么？"相关联。

第二个原型阿尼玛/阿尼姆斯原型追求影子原型的相反面——运动和爱好，反映在教育层面上就是选择教育方法和轨迹以促进学生在个人教育道路上的进步。因此，这一阶段集体的无意识与问题"怎么办？"相关联。

第三个也是最后一个原型——自我原型，是个人在个性化道路上追求的完整的最终形象。反映在教育中，这种原型被视为学生个人活动，以及学生创造性活动经验形成的最后阶段，与问题"为什么？"相关联。

沉默教学法的心理分析说明提问和回忆过程之间的相互关系（苏格拉底、柏拉图、荣格）。沉默是记忆的方法，是提问的影子，是一种活动和逆向思维。

为了学会保持沉默，需要先学会提问。

这里反映了一种最古老的方法论原则——微观世界与宏观世界的相似性。该原则证实"向内"与"向外"认知方法论的相似性，同样可证胡塞尔现象学的基础与静修主义理论和实践的相似性。

第十节 沉默学习法

应该将学习沉默的方法和作为学生教育成果起源的沉默法区分开来。

一 学习沉默的方法

如何让学生学会保持沉默？学习沉默法可以回答这个问题。

教育学史中，有些方法可以被归纳为基于学生内心对话的沉默教学法。内心对话是限制人的边界，使人达到自我境界的一种方法。

我们列举作为学习沉默先决条件的安·维·胡托尔斯基研究方法。

移情法（启发式法）。移情法意味着人的"感觉"从一种状态进入另一种状态。以 1～2 年级小学生的作业为例。

"我是一条河。""把自己想象成一条河。"写下你的名字，你流向哪里？为什么你在流动？你有什么支流？什么水汇入你的河里？谁住在河里？

我们来看该年龄组奥林匹克竞赛冠军的回答。

我是一条好学的河流。慢慢地，直接流入知识的海洋。海洋思想澎湃，充满按字母顺序排列的想法。我想进入海洋，这样，我就能像它一样。我有几条小溪，它们让我变得更强壮、更聪明。而大家把它们称为我的第一位老师——爸爸、妈妈、爷爷、奶奶。我身上流着蓝色的水，很热，因为我想成为一个积极向上、快乐无忧的人。我的水里生活着：蓝鲸——耐心，海豚——毅力，还有一些小鱼——思想。

——扎哈尔琴科·德，一年级 A 班，清泉镇九中

语义视觉法。该方法基于学生感官 - 思维认知的活动，让学生了解事物的起因，包括其本质、第一含义。

形象视觉法。这是对客体的情感形象研究。该方法要求学生看数字、图形、单词、符号或真实物体，画出看到的图像，并描述它们像什么。以口头或图表形式表现，反映学生观察结果，即学生描述、写下或画出自己的研究成果。

象征视觉法。该方法的实质在于，学生找到或建立客体与其符号之间的关系。在此应当指出，物体及其标志的分歧是当今世界的拟像增长的关键。这种差异意味着所指与能指之间的距离，是西欧交际理论的核心问题。

启发式教学理论和实践所研究的方法基本上替代纯理性认知的方法，并与最古老的认知世界的方法有很多共同之处。

形象创意法。可以用孔子与学生的一次对话说明这个方法。"你认为，我知道得很多，学到了很多，看到了很多吗？不，事实并非如此，但如果我从两个相反的方面来考虑这个问题，我总能回答任何问题。"① 当我们从两个相反的方面看事物时，我们看到的事物是完整的。就像我们不是从前面看建筑，而是从后面看一样，我们对建筑的看法是，要么是真的、坚固的建筑，要么是假的、虚幻的印象。创造性的教学法也是如此。

创造性的基础是同时看到现象或事物的两个对立面。人的创造性反映他的对话本质，然后是他的元学科（双重）本质，这并非偶然。

> 所有创造性教学法正是基于两个看似不相容东西的比较。连接"不相容的"是从两个相反的方面看待事物的观点。

假设法。让学生描述或画一张图，如果世界将发生变化，会发生什么事情。例如，万有引力增加到 10 倍，词尾或文字本身消失，所有三维几何图形都变成扁平的，食肉动物变成食草动物等。显然，食肉动物不能成为食草动物，但要求学生从完全不同的角度来看，在不同的栖息地若出现完全相反的变化会发生什么情况。因此，学生学习以完全不同的方式看待普通事物，就会打破模式的条条框框。

凝集法。凝集是拉丁语中"黏合"的意思。这里指关于黏合和比较两个乍看不相容的、现实中不相关的概念。让学生将现实中不相关的性能、属性、物体部分联结在一起，想象热雪、悬崖顶、虚

---

① *Переломов Л. С.* Конфуций：《Лунь юй》. Исслед. ，пер. с кит. ，коммент. М. ：Вост. лит. ，1998. C. 364.

空体积、糖盐、黑光、虚弱的力量、奔跑的树、会飞的熊、喵喵叫的狗。

在古代对立统一的哲学中，凝集法是核心概念之一。它教你跳出思维定式。苏格拉底就是这么做的。他来到广场上，开始与人交谈。有人在对话中以获得明确答案的方式向他提问。通过一系列的提问，苏格拉底让对方说出了与最初的信念背道而驰的观点。换句话说，苏格拉底好像在手掌上展示了谈话前后两种相反的意见。这种方法被称为"催生法"——产生新知识的"助产士"艺术法。

如果一个人学会从多角度看待事物，有时候是相反的角度，那么他将获得对事物的深刻认识，以及"反面/在对立面思考"的能力。

反思法。将取得的成果与原始目标进行比较，提高学生确定目标、分析合成内部对话的综合能力，这是教育个性化的重要组成部分。

自我评价法可以让学生"与自己独处"，不以他人的眼光看待自己。

交际法。要求学生以问题的形式制定课题研究的目标。提问时将知识与无知分开，是远离纷扰的信息、寻找自己意义的一种手段。培养学生沉默的有效机制之一是提问。学生通过寻找思想的空间和深度，为沉默做好准备。以目标形式提问远离了纷扰的信息。

"证明－反驳"法。获得事物整体观点的方法之一是从对立面来看待事物。"证明－反驳"法要求学生提出一系列问题，以证实教师提出的观点，然后用这些问题驳倒教师。

证明与反驳的统一是启发式对话法的组成部分。

教师可以将要求学生运用的方法列入组织学习沉默法的活动中：

- 确定交流时需要沉默的阶段；
- 制定自己的沉默规则、沉默的方法；
- 描述沉浸在沉默中的阶段并说明理由。

二　沉默法

（一）古代沉默法

沉默法研究是教育实践重要的前瞻性研究之一。沉默法旨在促使学生产生自己的知识、自我认识，发展学生的个性情感和意志品质。

自然哲学法的基础是内在对话的方法：与自己、与想象中的人对话。其包括阅读自然文献法、心理物理学法和仪式法。

阅读自然文献法。传说，有一个伟大的禅师当过木匠。他做的桌子、椅子有一种难以捉摸的品质，一种巨大的磁性。有人问他："你是怎么制作它们的？"大师回答说："我只是走进树林，询问森林、树木，什么样的树可以做椅子。"大师接着还说："我问树，他们是否愿意且帮助我，准备和我一起走。有时候，没有一棵树愿意成为椅子，我只好空手而归。"相传，这位大师的一些作品至今保存在中国，并且仍然具有磁性。

古人的方法是对基本原理的理解。因此，他们共同的"分母"是元学科性、对话性。沉默是一种特定的意识状态，沉默程度以问题的形式表现出来。

心理物理学法。娜·谢·日尔图耶娃强调东西方神秘传统研究的四种主要的方法[1]，即严格的苦行主义、身心训练、绝对的冥想沉思、绝对的爱和信任。

严格的苦行主义法旨在磨炼人的意志：通过各种形式的训练，努力克服欲望，约束自己，走上追求精神目标之路。沉默是严格苦行主义的主要形式之一。

应当指出，在东方传统中，知识不是信息的总和，而是某种意识

---

[1]　*Жиртуева Н. С. Типология универсальных и индивидуальных особенностей мистических традиций мира // Вопр. философии. 2016. № 4. С. 60 – 70.*

状态。"灵性知识的一个特点是，它与特定的心理和生理状态密切相关（或完全相同）。""这种状态的能量不断地'滋养'，同时，按照浸透内部知识的象征性图像'模式'改变人。"①

仪式法（在仪式中获取知识）。"……独立的、最具仪式意义的密宗派认为，仪式可能是获取知识的原因。""密宗教徒认为，知识不是一种智力的抽象概念，而是在仪式中获得的有效经验……""……知识不同于仪式活动，多半是仪式活动的产物。"②

仪式是社会记忆和理解的方式，是将行为转化为记忆的方式。它类似于一种生物记忆机制，重复作用于细胞膜。仪式旨在增强历史记忆和道德观念。在孔子对仪式的理解中，这一点尤为明显。

"子曰：'人而不仁，如礼何？人而不仁，如乐何？'。""子曰：'礼之用，和为贵。先王之道，斯为美，小大由之。有所不行，知和而和，不以礼节之，亦不可行也。'"

《论语》又说："以约失之者鲜矣。"③ 而《荀子》中强调："君子生非异也，善假于物也。"④

仪式没有可变性，因此，不会扩展人的外在边界。仪式使人关注自己的内心深处。

"与造物者交流"是古代社会获取知识的主要方法。人寻找自己的内心源头，意味着人走到造物主身边，超越自己的感知边界。佛陀在树下默默冥想多年，这种方式证实"影子"交流方式的宗教仪式

---

① Maha-nirva-ṇa tantra: with the commentary of Hariharananda Bharati. Madras, 1929.

② Brooks, D. R., *The Secret of the Three Cities: An Introduction to Hindu Śākta Tantrism*, New Delhi: Munshiram Manoharlal Publishers, 1999, p. 327.

③ *Переломов Л. С.* Конфуций: «Лунь юй». Исслед., пер. с кит., коммент. М.: Вост. лит., 1998. С. 333.

④ *Торчинов Е. А.* Даосизм. СПб., 1998.

意义。印度教哲学具有明显的救赎取向，实现与婆罗门－阿特曼的统一，达到知识的高级目标。这种高级状态的标准定义来自《瑜伽真性奥义书》，"三摩地是指高级精神与个人灵魂的同一状态"，其特点是人超越自身的感知边界。①

事实上，这种同一性反映众所周知的人道主义原则，即微观世界与宏观世界的相似性。这一原则的本质是内在深刻的对话。人与造物主的融合是通过放下自我而实现的。然而，这不是通过"横向"外部交际，而是通过"纵向"内部交际来实现的。在第一种情况下，我们看到个性社会层面的形成机制，而第二种情况——精神层面，"看到内在光"的状态说明内部交际的过程和结果。

密宗教派有三种获取知识的方式：神的启示（瓦迪亚）、诵读经书和施教传教。最重要的知识来源是神的启示。"在《坦陀罗》（IV）中得出上面获取知识的三种方式：'……陪胪的知识全部应来自佛经、来自与智慧的导师一起进行的认真的研究、来自自我'。'来自自我'意味着佛界的一切知识。"②

神秘的经验（冥想）旨在摧毁个性。用印度教神秘主义者斯·拉·马哈什的话来说，智者是摧毁自我并成为"无形的意识存在"的人。③

沉默教学法的主要问题之一是如何把握保持个性和放弃个性之间的平衡。

---

① *Пахомов С. В.* Источники сотериологического знания и знание – состояние в индуистском тантризме. С. 158 – 171.

② *Пахомов С. В.* Источники сотериологического знания и знание – состояние в индуистском тантризме. С. 158 – 171.

③ Будь тем, кто ты есть! Наставления Шри Раманы Махарши/сост. Д. Годман; пер. с англ. и сост. рус. изд. О. М. Могилевера; под ред. Н. Сутары. 2 – е изд., испр. и доп. М., 2002.

人要意识到，不能消失在这个世界中，而要成为其一部分。霍鲁日说："建立在对话范式中的静修主义实践，专注于（自我）意识的彻底改变，通过感恩的力量实现这种变化，不是融化，而是'提升'、超越。正如隐士父辈们所教导的那样，在敬拜中，自我意识并没有丧失（交际本质就是如此），个人认同不仅没有丧失，而且正在加深和改善，提升到高级存在的形式。"①

上述方法引导一个人进入自己的内心深处。

（二）现代沉默法

本书对教学中的沉默法研究如下。

形象创意法。将有关客体（课程主题）的无声对话改成一幅图画。用这种方法使沉默形象化，使学生产生新的意义。

认知法。所谓认知法包括意义法。它设定从一个学科轨迹到元学科轨迹。其实质是提供给学生现实的教育对象。

现实教育对象包括：自然物体（水、空气等）、文化客体（艺术作品、建筑、艺术品等）、技术设备（计算机、电话、电视等）。这是教育关键点，因此，存在真实的认知领域，理想的知识体系建构。

学生的初始的或主观的教育成果是对现实领域的认知结果，必须尽可能多地确定包括在这个客体中的自然界和人的生命意义。教师建议学生将意义以卡片的形式排列，指出它们的相互关系。需要标出统一的初始意义。

沉默法内容如下。

1. 伟大的思想

亚当·密茨凯维奇在著名诗作《塔杜施先生》中写道：

---

① *Хоружий С. С.* О старом и новом. С. 369.

伟大的思想通常会使嘴巴保持缄默。就像艺术作品总是沉默的一样。沉默也会产生伟大的思想或知识——一个完整的、不需要回应说明的思想。

用三句话说出三个让对方沉默的句子。

做一个试验来验证你的假设，并描述谈话者的反应。

总结你三个句子的成效。

2. 无声的赠言

告诉你未来的孩子、孙子、曾孙，你生活中有沉默，他们的生活中也会有沉默。

列出这种沉默与外部喧嚣相比的主要优点。

在你的生活中，沉默有什么作用？写出主要的过程。

3. 无声的评价

众所周知，学生沉默被认为是无知的表现，会立即得到不及格的成绩。

而学生能不能既沉默又知道答案呢？

你如何评价学生的沉默，这种沉默的标准是什么？

在你的课堂上设计学生沉默的标准体系。

你能否区分答案确定与不确定情况下的沉默？

给每个标准设定分数。

4. 独特的方案

想象一下，你正在为你的沉默制订一个独特方案。

它由什么构成？为什么？

用任一方式证明，通过沉默法，你对课程主题的了解比听老师没完没了地讲解更深刻。

5. 最重要的采访

人沉默时，总是寻找自己内心深处的源头。想象一下，你正在向内心的"深井"下降。

描述这口井的内部情况：它的宽度、深度、装修、照明。以精彩的采访形式呈现以上描述内容和问答内容。

描述一下你在进入这口井时的感受和情绪变化。

你能说一说下到井的哪一段出现新知识吗？

6. 沉默的博物馆

21世纪是发现人、发现内心世界的时代，而不是发现人周围世界的时代。法国学者克·李维史陀（Claude Levi-Strauss）明确表示，21世纪要么是人道主义时代，要么根本不存在人道主义。想象一下，你买了一张21世纪教育博物馆的门票。

在这个博物馆里沉默将以什么展品的形式出现？沉默的作用是什么？

以你方便的方式给出答案。

7. "整体性"反思

著名哲学家马·布伯（Martin Buber）在小说《你和我》中这样描述一棵树。

> 我在观察一棵树，我能把它想象成一个视觉形象：一根在强烈刺眼的光中滚滚升腾的烟雾，或者一团混合着柔和的、银蓝色的绿色爆炸物。
>
> 我能感受到它的生命气息：沿茎脉流淌的浆汁、拳拳饥渴的木髓、吮吸着的根、呼吸着的叶片、与大地和空气不停地代谢，这就是树难言其妙的生长本身。
>
> 根据其结构和生活方式/生存形式，我能把它看作某物种的标本。
>
> 我能完全抛开目前的形式和状态，将其视为规律的表现形式——不断对抗的力量、不断平衡的法则，以及物质混合和分离

的法则。

我能将它归结为一个数字，一个纯粹的数字关系，从而消除它，使它永久不变。

撰写一篇题为"沉默对你意味着什么"的富有诗意的哲理文章。

8. 沉默的计算法

常常有这样的情况——很想表达自己的意见来回应对方，却因情绪高涨导致严重的冲突。

分析你在什么时候默不作声，为什么？

沉默的前提和原因是什么？

研究自己陷入沉默的具体条件和计算方法。突出其主要阶段、特点、关键词或有助于构建沉默计算的"公式"。

9. 无声的知识

中国古代著名典籍之一《列子》中，讲述了一个学生在老师身边保持沉默的故事。

有一天，我开始从师列子。

三年过去了，我从心里消除了真假之念，禁止自己谈论利弊之事。只是这时，我才得到列子的青睐。

五年过去了，我心里又产生了关于真假的新想法。我开始以一种新的方式讲什么是有用的，什么是有害的。只是这时，我才看到了列子老师的微笑。

七年过去了，我心中充满了自由，不再去想真假之事。我闭上嘴巴，不谈有用的，也不说有害的。只是这时，老师才叫我坐在他旁边的垫子上。

九年过去了，不管我强迫自己怎么想、怎么说，我都已经不知道什么是真、什么是假、什么是益、什么是害，我也不知道对别人来说什么是真、什么是假、什么有益、什么有害。我不去分清内在和外在，于是所有的感觉好像都融合在一起：视觉就像听觉，听觉就像嗅觉，嗅觉就像味觉。那时，对于我来说，自然法则已经没有什么秘密了。

研究和描述你在沉默中思想变化的不同阶段以及会悟到哪些新知识。

每一个阶段都意味着什么？它们有自己的周期吗？

论证答案。

10. 沉默与沉默不同

描述那种让你更了解自己的沉默，以及那种让你认识别人的沉默。

它们有什么不同？

11. "开放"

在《列子》中，我们可以看到启发式教育的有趣的片段："对那些心灵开放的人来说，事物及其形状都是自己呈现的。"

你认为沉默是对外界的"封闭"还是"开放"？为什么？

以你的沉默为例说明。

12. 对话与对话不同

众所周知，对话中有两种获取知识的方法——外在的和内在的。外在的、横向的方法决定与他人的相互关系或相互作用，旨在产生新的意义、视野，以及自我认识，因为与对话者交流时，你在寻找"我是谁？"这个问题的答案。

而内在、纵向的对话特点是什么？

13. 网络中的沉默

大家知道，沉默作为一个阶段，当人无话可说时，不一定不说话。有很多这样的例子，说话人的话里充满着沉默。

面对面的沉默和社交网络上的沉默有什么区别？

分析你在社交网络上与同龄人的交往，并在此基础上标出三个沉默的特征并分析。①

第十一节 "沉默"课堂的特点和阶段

沉默课堂的特点是什么？课堂是实现教育的一种形式，由其意义和目的决定。在以学科为导向的教育方法中，教育的意义在于将教学改编的社会经验由教师传递给学生。因此，教育内容（标准、教学大纲、计划、评价标准）和形式——课堂，旨在向所有学生传授遥远的、外部的、相同的经验。

在人性化教育中，教师通过设定目标、培养不同于其他学生的优秀人才，促进学生自我实现。课堂将会有不同的结构和内容。

读者可能问，沉默式课程是什么，它的目标、结构、内容是什么。

很显然，沉默课是学生自我认知、产生自己想法的工具，是获取自己隐性知识的手段。这是其主要特点。

沉默式课程是学生认识自我、打造自己特点的课程。

课堂上保持沉默，有助于学生在课堂不同阶段锻炼不同的思维能力。例如，设定目标、建立最初的反思阶段。

沉默课的另一个特点是学生的提问。提问是与沉默密不可分的、产生新想法的学习过程。问题可以帮助学生探究其思想之"井"，将理论与个人重要的内容相结合。

---

① Nakane, I., *Silence in Intercultural Communication*: *Perceptions and Performance*, Amsterdam, 2007, p. 257.

沉默课不是完全安静的课。要知道，没有言语就没有沉默。没有将学生成就与人类成就、其他人成就相比较，就没有他人的观点，就没有学生独一无二的个体存在。

因此，这样的对话课具有特殊的意义。沉默是打造个人成就的方式，也是打造集体成就的方式（如比较学生的教育成就时）。

同时，沉默课在交际方面有一定的特点，教师在传授学生不知道的内容时，传统的教学方式仍然占主导地位。①

一　日本学校教育过程的特点

分析比较教育学、空间关系学领域学者的研究，可以得出日本学校的学习特点：

- 注重书面表达，不重视口语能力；
- 保持课堂的差异化；
- 学生很少提问，并以此构建他们对现实对象的认知，缺乏对讨论的引导；
- 缺乏个性的教学内容和基础，只是传授理论；
- 教师不在学生座位中间走动，西欧国家的情况正好相反，这是课堂是否民主的明显特点。

研究者中根指出，日本课堂互动中的同步对话比澳大利亚要少得多，性别竞争更少，停顿时间更长、更频繁。②

"我在日本大学访问时发现，几乎所有教室里的教师都站在讲台

---

① Nakane, I., *Silence in Intercultural Communication：Perceptions and Performance*, Amsterdam, 2007, p. 57.

② Nakane, I., *Silence in Intercultural Communication：Perceptions and Performance*, Amsterdam, 2007, p. 57.

上讲课，很少走到学生中间。"① 日本学生注意到，澳大利亚的老师常常在学生中间走动，离学生很近，二者处于平等地位。

在这里，我们看到沉默有"内井"、空间的文化历史特点。教师应该考虑到这一点，特别是给外国学生讲课时应尤其重视。

二 课堂上学生沉默的类型

沉默可以是情境的（抗议）、情感的（怨恨、钦佩）、肤浅的、深刻的。

从教学法角度看，沉默有自己的层次：

- 沉入思想之"井"的深度；
- 对话交流的形式（个人、团体）；
- 问题的一致性（认知的、创意的、组织活动的）。

从静修方法和启发式对话的角度看，学生的沉默被划分为：

- 排斥的（拒绝外界噪声）；
- 对比的（"将智慧引入心里"）；
- 启发式的（产生新意义）。

沉默的评价标准。问题的数量和质量及其与沉默持续时间的相互关系是沉默的评价标准。其主要标准之一是学生沉默后提出的问题具有多少知识含量。

创新的具有学生个人特征的成果也是教学方法有效性的重要评价标准。这个标准也是沉默教学法情感价值结果的特征。

教师的特殊作用。通过文献分析我们相信，从沉默中解脱出来的关键是另一个人，即教师。斯·格罗夫进行了一项试验，学生浸入与身体温度相同的水中，完全隔绝外部刺激，在没有教师提醒的情况

---

① Nakane, I., *Silence in Intercultural Communication*: *Perceptions and Performance*, Amsterdam, 2007, p. 57.

下，学生无法从中挣脱。

上述例子强调培养"沉默型"教师的重要性，他能让学生进入沉默状态，然后，让学生脱离沉默状态，开口说话。

不考虑实际情况，不与客观现实接触，教师沉默是没有效率的。反思法是沉默法之一。应随时随地向周围各种自然物体提问，以便对自己有新的了解和认知。

一整天学生对自己有了哪些新的了解？

他对周围的世界有了哪些新的了解？

他做错了什么？

每天的任务：独自与现实的物体进行对话，时长为一小时。

三 启发式教学法的改进研究与实施阶段

第一阶段，"拒绝外部噪声"。给学生一个机会，说出反对的现象和对象，描述与教师说的不同的画面。

第二阶段，将自身的生存空间（日常生活、目标、特点）与相反对象进行比较。

第三阶段，拟定对该对象的"对"和"错"选项，让学生、教师提出最重要的问题，就此话题开展访谈。这个阶段是元学科的阶段，说明与研究对象对立观点的统一。

启发式教学法可以实现问题的三元性，即"是什么？""为什么？""怎么办？"。在学习中，学生沉浸于思想之"井"。

启发式教学法"改进"研究及其实施阶段。

第一阶段，远离"噪声"、他人，学生以问题的方式提出自己的目标。

第二阶段，研究现实的对象。学生倾听自己内心的声音，认识事物，根据三分法将自己和事物比较。此时，学生正在获取新知识。

第三阶段，让学生说出使其沉默的想法或格言。在这个阶段，建立起元学科知识和与沉默直接相关的图像。

案例：启发式教学法"改进"研究

教师：耶·阿·沃罗毕耶娃，"2 English"教育中心主任

学习科目：生物学

班级：七年级

主题：陆地生态系统——森林。森林生态系统在自然界和人类生活中的意义。生态系统的变化。生态系统的季节性变化（以森林生态系统为例）。

1. 闭上眼睛，不要说话，想象你在森林里。你想象的是什么季节？这是一个什么样的森林？这里生长着什么植物？画出你想象中的森林。

2. 想象一下，现在你森林里所有的植物都能说话。你想问它们什么？写出五个问题。

3. 森林如何随着季节的变化而变化？森林的声音如何变化？它什么时候开始静下来？制作一张表来描述这些变化，包括季节（春夏秋冬）。

4. 想想森林如何帮助人们。它是如何帮助你的？想象一下，人们砍伐了地球上所有的森林，只剩下一小片未来得及砍伐。你的任务是拯救地球上最后一片森林。但他们可能听不到你说的话。想出一个无声的方式来说服人们拯救这片森林。

四　教学成果：经验分析

（一）大学生自我反思的问题

1. 上课前你的目标是什么？你实现了多少？

2. 列出你在沉默时遇到的困难。

3. 你是如何克服困难的？方法是什么？

4. 用沉默法研究课题时，你个人取得了哪些主要成果？

5. 你如何使用沉默法与家人、邻居、朋友、老师进行沟通？

6. 沉默时你有更多的问题，还是有更多的答案？

7. 比较沉默时获得的知识和阅读时获得的知识（从自己沉默中获得的知识和从他人那里获得的知识）。这些知识是什么？

（二）进行沉默训练的大学生反馈

我明白了一件事：要学会和自己对话，不必等到楼上的邻居关掉吸尘器，窗外不再割草，或者阳台下面的儿童场地没人的时候再去。只需要停下来问一个最令人不安（可能是痛苦）的问题。完全放松下来，真诚对待自己。除了专业方面，我还提出了许多个人话题，以及拖延了很久的问题。结论就是——不要害怕自己。

用沉默法研究课题时，你个人取得了哪些主要成果？

用沉默法达到目标时的主要成果？我认为，让我沉默下来的问题本身是主要目的："我什么做得比其他人好？"

任务：了解我擅长什么。

主要成果：

● 确定在哪些领域我拥有良好的技能、天赋、潜力和最好的一面；

● 经过反思，我在两天内找到了一份工作，那几个月我一直从一个岗位到另一个岗位，无法决定去哪里；

● 消除疑虑，我不再害怕，现在我问、我答；

● 在我的生活中出现这种分析问题的形式，它的确帮我解决了许多困难。

　　我刚开始用这种方法时，问题相当多。我不停地问自己，停不下来，好像根本无法控制这个过程。在很长一段时间里，积累了许多未解决的问题，困住内心的问题，以及一直需要我处理的情况。起初我觉得沉默法不起作用，因为我所做的只是打个问号，而没有能力回答。但我并没有停止过沉默，相反，我决定将这个过程多样化，并考虑为此需要做什么。在我编写的沉默法则中，我陈述了自己的想法和建议。尝试了新的形式、新的感觉，改变了很多事情之后，我发现问题越来越少，而寻找答案的时间和精力却多很多。渐渐地我关闭了所有让我不安的图形，上升到了一个新层次。这个层次看起来是这样的：一个问题——一个答案。在当前情况下，我的问题和答案的数量是相同的。但我可以肯定，初学者或头脑不清楚的人（大多数人），他们的问号比感叹号或句号多得多。

　　　　　　　　　　　——勒拉·波洛尼克，三年级，新闻系

你是如何克服困难的？方法什么？

　　我喜欢沉默，似乎我可以永远这样做。我想向世界诉说的感觉正在消失。因为一切都变得清晰、和谐。我不想此刻写下我的感受，因为一些难以捉摸的感受正在消失。

用沉默法研究课题时，你个人取得了哪些主要成果？

　　我从沉默法中得到的主要成果是有机会与自己内心交流。

你如何使用沉默法与家人、邻居、朋友、老师沟通？

　　在沉默时，我有更多的问题，因为我常常缺少问题的答案，就像方程式中的未知数。

——尤利安娜·苏加诺娃，三年级，新闻系

沉默时你有更多的问题，还是有更多的答案？

出现更多的答案，但随着新答案的出现，新的问题也随之出现。是独特的传送带。

——西里尔·希特力克，二年级，新闻系

你是如何克服困难的？方法是什么？

强迫自己不放弃最后一个想法。我试着去理解这20分钟里我头脑子里产生的想法。为什么会产生这样的问题。这就是我最关心的事情。

用沉默法研究课题时，你个人取得了哪些主要成果？

沉默可以让你整理好自己的想法。沉默很有效果。它是一个点或一个阶段，后面跟着新想法。

——维多利亚·德斯科维奇，二年级，新闻系

比较沉默时获得的知识和阅读时获得的知识。这些知识是什么？

我经常想，为什么最睿智的想法会在夜晚出现。恰好我在安静洗澡时找到了答案。实际上，你白天坐着的时候，总是在信息流中"旋转"，理解新认识的人，在了解别人的思想中迷失自我。而夜晚没有人打扰你，大脑完全由我们支配。我们可以冷静地把所有的事

情都列出来，全神贯注地思考我们的事情。此时，产生了创造性的激情。事实上，沉默是最有效的时间片段。我回忆我写的什么……只是在夜晚。没有什么比夜晚和寂静更好的。这就是为什么我完全同意沉默产生创造力的原因。

谢谢您给我这个机会，让我用抽象的方法反思自己。这是一种很好的"解开"心底的结的方式。

——尤莉亚·马提耶夫斯卡雅，二年级，新闻系

沉默时你有更多的问题，还是有更多的答案？

内心正在进行一场特殊的采访。一部分在问问题，另一部分在我内心深处寻找答案。正是在这样的"谈话"中产生真理，因为，虽然可以对自己撒谎，但你肯定会感觉到。

——阿纳斯塔西娅·普罗科彭科，二年级，新闻系

你如何使用沉默法与家人、邻居、朋友、老师进行沟通？

使用沉默法后，与亲人和熟人的沟通方式开始发生变化。你会有自己的观点。你开始尊重自己和他人。冲突程度正在下降。

——奥克萨娜·克伦诺娃，三年级，新闻系

（三）中学生自我反思的问题

反思性问题引导人们思考。正是提问的过程引发思考的过程。反思性问题让成年人更细腻地理解孩子的世界观，即更能理解孩子。

案例：学生的反思性见解

马克·马楚列维奇，明斯克市第十三中学五年级学生

主要论点：没有思想的沉默是不可能的。

沉默对你意味着什么？

    人在沉默时不是默默无语，而是在说话。只是表现方式不同——耳语或内心对话。

    这是一种不必要的能量释放，一种想象力。让你意识到有人正在倾听你，理解你。

    沉默就是思考。没有思想的沉默是不可能的。

你喜欢保持沉默吗？

    沉默时可以与任何人，在任何时候，谈任何事情。

你为什么不与他人沟通，与他人分享呢？

    对他们来说，这不总是很有意思、很有吸引力。

沉默是否可以产生新的知识？

    当你分析和对比、把不同的想法组合在一起的时候，总是会孕育新的知识。例如，两位科学家间的分歧——人类起源的科学说法和宗教版本。我认为上帝创造了地球，让亚当和夏娃居住一半，另一半居住着包括类人猿在内的各种动物，那里有类人猿。每一个物种都单独进化。

如果你不得不选择的话，是在交流还是在沉默中获得新知识？

需要在交流中获得知识，才能保持沉默。我需要了解更多知识以便进行比较。

什么有助于沉默？

读书有助于保持沉默。很多教科书教人们保持沉默。为什么在文学教科书里写着"思考一下"？普通书籍有助于人们思考和文理通顺。如果你想得多，就会想出新词。现代作家使用现代流行的表达方式，例如"八竿子打不着的亲戚"。在普希金的作品中有这种说法。格言特别教人们保持沉默。你思考这句话并将其应用于生活中，用到某个人身上，就会产生图像、人物和情境。

最好在哪儿、什么时候保持沉默？

物体有助于保持沉默。床和枕头例外。

还记得你第一次沉默吗？

三岁时在幼儿园。我在想一个 25 岁的人，想象他变成了 3 岁的孩子。我想，这个年龄是 3 岁多好：他 3 岁，而他却拥有 25 岁人的信息。

沉默时最困难的事情是什么？

担心你的沉默会被打断。要看你什么时候不说话。不能打断沉默。思想像一根线、一个人的路，如果他摔倒在地，就会受伤，不能动弹。思想也是这样，如果你打断沉默，思想也会中断。

当你沉默不语的时候，有什么感觉？

感觉无忧无虑。

沉默的主要结果是什么？

产生新思想和开启自我成长。

五　不同年龄层使用沉默法的经验——教师使用沉默法上课时的反思与观察

通常，沉默被认为是个人保持安静，摆脱喧嚣、纷乱和不必要活动的权利。这个权利通常可以在非工作时间或课余时间实现。

在专业环境中，沉默状态是不同的，可能会产生一定的影响。它被看作缺乏观点、立场、知识和脱离现实的一种行为表现。例如，"陷入"沉默状态的学生有时会出现奇怪的感觉。

沉默（形象创意）的解释直到2021年也没有在专业文献中看到。况且教学过程中也不用这种方法。因此，在使用沉默法上课时，师生会出现一定困难。

第一个困难：没有明确的计算方法，缺少课程内容安排先后顺序的论证，没有授课效果表达方式及评价标准。新事物总是面临未知、未经证实的威胁，引起师生对正面结果的担忧。起初，这些感觉在沉默课上起主导作用。

第二个困难：接受沉默任务的学生（在此之前，他们熟悉了启发式教学的概念，了解了沉默的目的和任务），产生了不同的情绪反应。学生没有划分为赞同和不赞同两组，而是分成四组，每组 25%。

最初出现的情况是：

- 活跃的课堂和窃窃私语；
- 个别学生的脸上露出了得意的笑容，怀疑老师能否胜任；
- 有些人庄严地等待执行任务的那一刻；
- 剩下的人无动于衷地听着，以常见的态度对待课堂上发生的一切。

第三个困难：沉默课程包括建立新的课题知识，即"新闻秘书的专业计划"、阐述自己对这个职位的要求，并将该要求与自己的能力联系起来。

为了完成这项任务，学生需要分析自己，了解自己的长处和短处。

使用沉默法的课程。沉默法分别在三个小组中应用。在两个小组中，沉默法应用一次，而在另一个小组中应用三次。

解释沉默法和任务后，学生们开始"沉浸"在沉默状态里。对他们来说，这是一次难忘的体验，尽管要求他们什么都不做：不回答问题，不写文字，只是保持沉默。然而问题接连不断地迸发出来：

> 如果我不能沉默下来怎么办？
>
> 如果我没有任何想法怎么办？
>
> 此时，我应该有什么感觉？
>
> 我不能沉默下来，我们为什么要这么做？

在第一节课上，学生们感到不安，不知道在沉默时如何表现自己。很显然，非常规的课程引起了他们的困惑。沉默持续了 20 分钟，前 5 分钟，学生们痛苦地寻找舒适的沉默姿势。许多人趴在桌子上，闭上眼睛，好像他们睡着了；有些人闭上眼睛坐着，20 分钟都没动一下；有的学生默默地望着窗外。

这门课的参与者已经摆脱了日常习惯的状态。好像教师面前坐着的不是学生，而是几条惊恐万分的游蛇，他们盘卷着，不知道自己要做什么。

沉默 20 分钟后，让学生们回答问题，说出沉默的感觉、情感、思想及收获。

课堂上把学生分成两组开展沉默法练习，第一组学生应用三次，第二组学生应用一次。就其收获感和满足感而言，第一组远远超过了第二组。

（一）过渡结论

沉默法的有效性随其被系统地应用而提高，学生们开始接受并思考如何利用该方法完成学习任务。当学生们感到这种方法有效和实用时，态度从消极冷漠转变为积极热情。

（二）试验感受和评论

许多学生注意到，试验结果超出了所有人的预期。他们能够停下来，放下手机而投入自己尚未了解的世界。外部信息使他们变得贫乏，脱离了本我。这 20 分钟让他们有更多的时间充实自己，而不是在同龄人、专业人士和教师那儿偶尔获得的盲目肯定。他们能从另一个角度看待自己。

一些学生在回答中描述了试验后的心理状态：情绪从抑郁被动转向积极，平静下来，感到放松，消除了恐惧和不自信，不再害怕犯错误。一些学生甚至能够进入睡眠状态，需要经过一段时间才能缓慢地"重返教室"。

有些学生持消极态度。他们不接受、不理解该方法，也没有看到它的合理性。在口头回答时，学生们虽然没有表现出明显的负面情绪，但在书面回答中，他们表示，使用沉默法完成确定未来职业能力的任务是在浪费时间。

（三） 教师的结论

第一，许多学生处于情绪疲惫的状态，这些情绪源于很多因素和环境：教师、课堂、求职、没有自我实现、父母的期望和朋友的优势。不断地追求满足他人的期望、履行自己的义务，引起了他们内心的抵触，以及对老师和亲人的负面情绪。

第二，学生们需要这种实践。沉默法有助于学生构建形成自己的个性，勾画自身的意义、作用和能力。教师指导下的沉默，能使学生感受到"沉入内心"的合法性，有不被指责浪费时间的安全感。在允许的形式下，学生们创造了新的东西，他们通过学习、分析、比较，首先寻找他们关心的问题的答案。他们不断学习，分析现有的知识。这些知识是寻找答案过程中矛盾、对话和相互排斥的基础。

第三，教师第一次有了团队真诚合作的感觉。也许，学生带着任务，包括分析自己作为一个潜在专家的任务，使他们意识到自己在执行"沉默"的任务。他们可能有了自我塑造的唯一机会或平台。

六 采用沉默式课堂的中学生反馈 *

目标是青少年。试验分两组，每组 10 人，第一组年龄 12 ~ 13 岁，第二组年龄 15 ~ 16 岁。

第一组中的任务以简化形式给出，为了更好地理解问题，教师使用学生日常生活中的例子："你坐在课堂上，老师问一个问题，虽然你知道答案，但是你闭口不说。为什么?"

回答："我害怕。有时只是不想回答。"

学生的第一反应是对老师提出这样意想不到的问题感到惊讶。然后他们开始思考，一个接一个地回答。答案很相似，但也很独特。虽然许多学生的想法基本相同，但是由于个人经历不同，他们的表达方

---

* 耶·阿·沃罗毕耶娃，教师，"2 English"教育中心主任。

式也不同。

一些学生的回答如下。

> 沉默有助于摆脱其他的问题。我在数学课上保持沉默，因为那样老师自己就会回答她自己提出的问题。

> 我默默地逃避回答文学课上的问题，尽管我总是读老师让读的书。可是如果我回答不正确，同学们就会讥笑我。

最有趣的是"井"的任务：学生们尽可能生动地描述自己想象中的"井"，想象与"井"中的人物进行交流。

事实上，每个学生都有与课堂沉默及其结果相关的回忆。对某些人来说，这是真正的心理障碍。因此，大多数同学会感到诧异老师竟然允许他们保持沉默、分享其沉默的经验。试验结束几天后，学生仍然记得自己的"井"。

第二组中的任务以最初的形式给出，有些问题仍然引起学生的困惑，要给学生们解释。与第一组学生相比，回答问题的深度存在差异。该组学生的回答不太相似，但都合乎逻辑。学生很轻松地论证了自己的观点。

一些学生的回答如下。

> 学生经常不说话，因为害怕说错。通常情况下，犯错就要受到惩罚，学生选择阻力最小的一条道路。

> 来自其他人的压力：杰出的学生让不爱说话的学生黯然失色，寡言的学生更加保持沉默。

> 当我不说话时，就不会浪费内在的精力，因此我可以全神贯注地听别人说话。

"井"的问题再次引起了学生极大的兴趣。以下是关于"井"的
自我谈话的内容描述。

你内心的恶魔埋藏得深吗？有多深？

    在大约 150 米深的地方。

他们在那里有发展的空间吗？

    他们直挺挺地躺着，很无聊。直至忏悔，然后翻转过来。

你经常去那儿吗？

    一年两次。我越往下走，就越困难。当它们翻过来的时候，
很糟糕。但后来就轻松了。

他们在下面学什么？

    不，他们只在上面学习。

高年级的学生不仅能解释自己的沉默，还能解释同龄人的沉默。
回答问题更深刻、开放。每一个问题都能引起兴趣，引起讨论，因为
学生们的意见不一致。与第一组不同，第二组的学生尽量从别人的角
度，而不是透过自己的情感棱镜看问题；不以成人的方式，而是客观
地看问题。

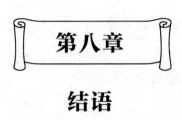

第八章

结语

　　交流与沉默的相互关系如教学法中的对话法与独白法，亦如人类与历史。维特根斯坦在《逻辑哲学论》中指出："世界是事实的总和而非事物的总和。"伯特兰·罗素说："世界历史是不可避免事件的总和。"法国著名心理学家、社会学家塔尔德认为，历史是多个模仿圆圈间的碰撞。每个人的行动都在重复某种东西。模仿是最基本的社会关系，社会就是由互相模仿的个人组成的群体。当我们把石头扔到水里，同心圆就会在水面扩散。在某一时刻，几块石头产生的圆圈会相互重叠、干扰，因而产生物理学中的扰动。这种扰动是不可避免的冲突。

　　现代教育中的注入式教学法使学生形成了刻板机械的特点。通过复制别人的知识产生了同心圆般的模仿圆圈，这样的模仿圆圈及其相互间的碰撞变得越来越多，从而推动了历史的发展进程。

　　如果世界历史是不可避免事件的总和，按比比欣所言，人类的语言可能就不会是现在这样。这表明，语言是随着历史的发展而产生的。现有的教学法提倡对话教学。它既具有历史意义，又具有机械模仿特征。复制和传播他人的信息不能"深化"其思想深度，而只是

“拓宽”知识领域。

　　人与沉默及沉默的程度密切相关。用伯特兰·罗素的话来说，地球历史是在特定条件下某人可能发生、但没有发生的变化之和。而人类历史是人们内心深处未实现的旅程、未被发现的能力、未被感知的力量、未被发掘的自我内心世界之总和。换言之，历史的声音在未被人们触及的沉默中存在。沉默教学法与对话教学法的关系就如同人与历史的关系。

历史记忆——教育中的注入式教学

哈维尔巴克斯、诺拉、约茨、列宾娜的作品致力于历史记忆问题，"历史记忆被理解为集体记忆（群体的历史意识），或社会记忆（社会的历史意识），或被理解为前科学、科学、准科学、科学知识，以及对于共同的过去的大众社会意识观念"。①

教育系统侧重于保存历史记忆。目的是将教育的内容视为从教师到学生的教学适应性社会经验的转移。古代文明亦是如此，传播特性一直保留至今。

纵观历史，人类知识的不断积累似乎能够确保实现个人和整个社会的目标和需要。然而，现有的知识尚未创造出完美的人和"理想的创造型社会"。"新是早已被遗忘的旧"这一说法证明，人类所掌握的知识不会改变人类本身的创造力，也不会使人从过往中学习到如

---

* 该附包括作者安·德·科罗尔的部分文章及作品内容。

① *Репина Л. П.* Историческая память и современная историография // Новая и новейшая история. 2004. № 5. C. 42.

何有效地实现个人和职业的目标。

关于"社会的可学习性",我们可以引用意义相同的一句话,即"历史告诉我们,什么也不教"。根据 2010 年谷歌图书项目的数据,人类历史上共出版了 129864880 本书,作者数量为 2 亿至 3 亿。[①] 除了单一的科学方向,人们还应该注意书籍数量和内容之间的矛盾。书中很多论点已经被其他人提过了。马塞尔·普鲁斯特指出:"一本书是一座墓地,众多石碑之上却再也无法读出被抹去的名字。"[②]

在当今的知识社会中,知识和交流的增加似乎也会影响"学习"或"社会创造"的增长,从而促进对过去经验的学习。然而,社会教育程度的提高并没有使社会免受危害人类罪行的伤害,我们从整个西欧、第一次世界大战和第二次世界大战的历史中都非常清楚地知道这一点。此外,越来越多的人使用他人的名言、模仿他人行为和交流的独白,这表明了社会"可学习性"的倒退。

模仿是历史的"量子",显然,人类历史存在于全球迅速变化的世界里,信息传递不仅不能保存历史记忆,而且不合时宜。法国科学家哈尔布瓦克斯、皮埃尔·诺尔的现有理论表明,历史和历史记忆在许多方面是相反的。"历史通常从传统结束、社会记忆消失或瓦解的那一刻开始。"[③]

从教学知识的立场看,历史是什么?法国社会学家和心理学家塔尔德的理论给出了答案。在他看来,世界变化程度在于一个人对其他人刻板的模仿程度。一位法国科学家认为,历史进程的引擎是来自

---

① Taycher, L., "Books of the World, Stand up and be Counted! All 129, 864, 880," August, 2010, http: //booksearch. blogspot. com/2010/08/books – of – world – stand – up – and – be – counted. html (дата обрауенія: 12. 01. 2020).

② *Пруст М.* Обретенное время. СПб, 2000. С. 223.

③ *Хальбвакс М.* Коллективная и историческая память // Неприкосновенный запас. 2005. № 2 – 3. С. 22.

"创意中心"的模仿圈的碰撞（或叠加）。①

模仿、模式化的人越多，即使他们拥有大量的知识、智慧和技能，世界历史的前进速度就越快，因为模仿和冲突圈也越来越多。因此，模仿、模式化和独白的人数决定了周围世界变化的速度，以及历史记忆的丧失速度。事实上，塔尔德的理论告诉我们，人类的独白是历史的"朋友"，是历史记忆的"敌人"……如果按照诺尔的话，历史扼杀历史记忆，那么我们可以得出结论，模仿作为历史的"量子"吸收了历史记忆。

教育的独白性决定了越来越多的模仿圈的碰撞，从而形成了历史的独白，构成人类的损失。塔尔德理论的教学组成部分是，历史是社会与人的独白，历史是人的外部边界和外部发现的拓展。

由于教育内容独白的特点，教师在向学生传授人类经验的过程中，不考虑其意义、目的和特点。人类经验正在经历一个分层，以知识（本质上是信息）的形式进行认知活动的经验和以最终形式进行复制活动的经验，两种经验都"脱离"创造性和现实性。

理论和实践的断裂，认知和复制活动的两种经验与创造性活动经验和情感价值关系之间的分层，导致向学生传递信息（所谓的经验）时使学生脱离教育本质。

人类经验的分层不仅会失去记忆，而且会失去与之相关的情感。毕竟，在传递信息的过程中，对现实的情感价值的体验被证明是比理性更古老的一种心理层面的活动。

不能被自己或他人听到意味着内心深处的孤独。在西方教育学中，理性与心理情感的起因是不同的。这与波美兰茨所写的东西非常一致："希腊哲学家抛弃了古老的神话，开始建立基于抽象原理的体系（帕梅尼德的单一、列夫基普和德姆奥克里特等的原子和空虚）。

---

① *Тард Г.* Законы подражания. М. , 2011.

这是一场深刻的危机,哲学陷入怀疑之中。"①

人际社会日益增长的自我孤立加深了危机程度。例如,每一位英国人在一天内进入视频监控区 300 次,然而人对外部社会的影响越来越不明显。其原因在于模仿。模仿的结果是社会无法听到人的声音,而人也无法改变社会本身。人无法影响教育独白的后果,学生失去学习的意义,即教育的空洞。鲍德里亚写道:"沙漠正在扩大,思想正在聚变,异变的增长代替正常的增长。"②

独白否定了文化的对话性,文化对话直接与记忆联系在一起:"将事实带入集体记忆中,可以发现从一种语言翻译成另一种语言的所有特征,在这种情况下是文化语言。"③ 在这一情境下,应该引用作家普里什温的话:"文化是人与人之间的纽带,文明是事与事关联的力量。"④ 一个孤立的人,不能听到自己和其他人的声音,与其他人的相关性很弱。人就像无法容纳水的沙粒,成为民族文化和历史记忆的原型。

因此,在现代社会中历史记忆的丧失问题包含两个方面:第一,社会倾听一个人的能力;第二,一个人倾听另一个人的能力。个人的记忆作为过去经验的反映与认知心理过程有关,而倾听他人的能力与社会有关。然而,倾听他人的能力和记忆的概念是相互联系的——一个人不会倾听,就不能充分学习,最终也不能记住课程。任何社会体系都不能自动学习,因为其喜欢独白和模仿的性质而听不到个人的声

---

① *Померанц Г. С.* Дороги духа и зигзаги истории: работы последних лет. М., 2008. С. 7.

② *Бодрийяр Ж.* Симулякры и симуляция (Simulacra et simulation). М.: Рипол-классик, 2015.

③ *Лотман Ю. М.* О семиотическом механизме культуры // Семиосфера: Культура и взрыв. Внутри мыслящих миров. Статьи. Исследования. Заметки. СПб., 2000. С. 488.

④ *Зинченко В. П.*, *Пружинин Б. И.*, *Щедрина Т. Г.* Истоки культурно-исторической психологии: философско-гуманитарный контекст. М.: Рос. полит. энцикл., 2010.

音。正如印度谚语所说，你不能唤醒一个装睡的人。

人类的扩张，社会的数字化，导致通往自身深度和空间之门的关闭，自身的深度和空间与集体深度和历史记忆相关联。历史的飞速发展，使社会系统听到另一个人变得越来越困难。

出于同样的原因，人类生活节奏的加快抑制了帮助他人的能力，津巴多在著名的实验中充分证明了这一点。这一实验分析了大小城市的时间节奏与城市居民相互帮助的能力之间的关系。实验计算了简单的具体行动所需的时间，如过马路、在售货亭买一份报纸、捡起一些掉落的物品。得出在大城市中人们很少帮助别人的结论。科学家指出并证明：时间紧迫的人比那些不急于做某事的人更不倾向去帮助他人。① 因此，一个人失去了与他人和自己的沟通能力，忘记了通往自己的道路。失去倾听历史的能力与丧失帮助他人的能力是一致的。

如果教育的独白导致扰乱历史的"听觉"的外部拓展，那么学生的内在发现就有助于培养倾听他人的能力。这有助于学生打开自己，打开周围的世界。

问题作为启发式教学的基本要素，不仅告诉学生要在"知道"中学会沉默，而且告诉学生其产生于沉默。质问是引导学生走向某种形而上学的开始，在个人记忆中描绘历史画面，证明个人对普遍的历史记忆的接受，以及人们相互作用形成一个整体的形而上学的开始，就像著名故事片《阿凡达》中的那棵树一样。

一个人的对话能力、自我改变能力越强，他听到自己和他人的声音的能力就越强，历史记忆就越强。在意义、目的、内容和评价方法

---

① *Зинченко В. П.*, *Пружинин Б. И.*, *Щедрина Т. Г.* Истоки культурно - исторической психологии: философско - гуманитарный контекст. М. : Рос. полит. энцикл. , 2010.

层面采用启发式对话来开展教学，可以减缓历史记忆的回归过程。一个不善于自问和向他人提问的人无法很好地理解自我，更无法很好地理解社会历史文化。

后人类教育

在电影《矩阵》（1999年）中，英雄从光盘中下载信息至大脑，他立即成为东方武术大师，并获得了超能力。事实上，这是不可能的。为什么呢？因为那是别人的信息，人类知识的总和不是知识本身。

法国著名哲学家鲍德里亚提出信息具有破坏性。

停止思考意味着什么？

停止思考意味着动力的丧失。目前学校和整个教育的最大问题之一是失去学习的动力，这是完全合乎逻辑的。因为意义越小，动机就越少。而人是一切意义的源泉。

在描述后人类世界的小说《美丽新世界》中，赫胥黎非常清楚地说明了信息方法或"白板"① 的概念。这部小说探讨了催眠教学方法，即人们日夜关注同一个短语、同一个假定。小说中的一位人物惊呼："62400次重复——你面前有一个现成的真理！"什么是同一信息的多次传播？这是一条摆脱复杂和困难，通过自我认识来创造世界观的途径。

谚语"你不能毫不费力地把鱼从池塘里拉出来"反映了问题学习的本质。所有的答案向人传递时，没有丝毫困难，包括情感上的困难。按一下按钮，可以得到所需要的信息——通过谷歌在网上找到它（有时甚至不会改变别人的封面）。关于这一问题的原因，赫胥黎在一部著作中写道："你曾经遇到过一个不可逾越的障碍吗？"学生们

---

① Хаксли О. О дивный новый мир. М., 2013.

沉默以对。

在赫胥黎的《后人类新世界》中，暗示和无障碍环境是两个关键点。

第一，暗示，即在有限的时间内传递信息，并把它理解为"现成的"真理。

第二，无障碍环境缺乏复杂性，是需要努力克服的界限。

未来世界的关键在于基于信息方法的当前教育。

按照预先目的进行催眠的方法与把学生视为掌握信息传递的客体并没有什么不同。传播的形式——暗示，表示后人类缺乏自反品质、认知动机，铺平"自己一个人的"而不是"其他人"的道路。

这是当今教育的标志，也代表人类正迅速进入后人类主义的阶段。福山表示，我们正处于人类外部界限扩张的进化曲线的极端。但是，体积增加的同时含量却在降低。

理性预示了后人类的出现和人类学灾难。后人类通过"了解他人"而获得思想和知识的方式被传播、信息取代。后人类是一个"扩展的人"。

这就是在西方教学传统中亚里士多德把人视为"白板"的原因，其导致了人的流失。

教育问题之刻板印象

当今教育的结果不仅不能消解人类日益增长的成见，相反，其加剧了大众和他人对个人的影响。影响的主要形式有：灌输、模仿、操纵。这是人存在刻板印象的原因。

在心理学文献中，人际认知的常见机制之一是夸大积极心理特征，同时低估了认知对象的消极心理特征（晕轮效应）。"与被专家评价为丑陋或普通的人相比，被认为美丽的人更自信、快乐、真诚、冷静、精力充沛、善良、成熟和精神丰富等。"① 在心理学中众所周知的有关种族的刻板印象，如德国人是学究等。在人类学中的刻板印象，如人的身高越高，越能感知到他们的地位。第一性、新颖性和概念性的影响也基于人类对现实感知的简化。

刻板印象和创造力是人性和生命的最古老的骨架。刻板印象简化了一个人的日常活动，成为各种人类活动中节省精力和时间的一个因素，是家庭和社会安全的保障。

教育中刻板印象与创造力的关系的作用在于解决教育困境：应该给学生什么，学生应该成长成什么样子。刻板印象作为一种简化的人类感知、思维和行为模式，反映了环境对个人内心世界的外部影响。刻板印象的本质包含在"给予"（外部）一词的内容中，而不是"成长"（从内到外）。

反思将认知成本降至最低，柏拉图的理论特别指出，认知是记忆的结果。这种最低能量的认知成本已经扎根。应当指出，在个人社会化的基本机制（模仿—复制—模仿）中，由于外部因素对内部的影响，同样存在"最低能量成本"。例如，反映个人特点的手势、动作，再到行为的外部顺序。日常模仿与意识的经济属性有关，思考一下，为什么我们在做其他人一直在做的事？

今天的教育基于陈规定型和"反思"。儿童在童年时期的印象好比印记和凝块，教育内容被视为向学生传达人类经验（信息）的"总和"以及随后的"反思"。知识的"转移"反映学生的社会文化经验，较少反映人的心理认知，是人类思维和行为陈规定型的"工厂"。

独白侧重于仅仅获得一半的主题信息。苏格拉底时代以来，在对

---

① *Реан А. А.*, *Коломинский Я. Л.* Социальная педагогическая психология. СПб. : Питер Ком, 1999. С. 416.

话中提取知识的系统将一个人的未知知识定义为最重要的教育知识，这绝非巧合。要知道片面和局部是阻碍他人理解整体的障碍。比如，在没有考虑学生本人的社会文化背景的情况下，主观地判定其个人成就会影响其世界观、封堵通往自己和他人的道路、妨碍文化对话等。

查看事物的所有细节就是近距离地观察它。他们无法看到围绕主题本身的所有东西，即背景。因此，在课堂上知识孤岛进入学生的视线，被刻板地建立在一个特定的模板上，因此存在潜在的错觉。

这种错觉是生理过程的特征，例如光学和社会过程。著名的神经生理学家克·弗里特写道，"我们对我们视野中所有事物的瞬时和完全感知是虚假的"。[①]

这与视觉误差是相似的，因为一个人经常看到物体本身，而没有注意到背景。特定而不是整体的视野是人类生活产生刻板印象的重要原因之一。

佛教思想强调，将注意力集中在事物上会导致知识、空间和时间扭曲，思维停滞。换言之，符号、言语总是错误的。

因果关系的根本错误是社会错觉的明显例证。一个事件中外部观察者倾向于高估事件的个人因素——事件的元凶，而没有注意到背景，导致社会错觉的发生。

一个人失去听到其他人声音的能力意味着失去完整性，并分成零和一。完整性不是零，而是零和一。真理并不存在于个人的头脑中，而是存在于他们的对话互动过程中。教育内容以独白形式由外部强加给学生时，学生的主观性丧失，导致了所指意义和实际意义的两极分化。这就造成了刻板印象和成见的增长，阻碍了所有的对话，特别是文化之间的对话。

---

① *Фрит К.* Мозг и душа: Как нервная деятельность формирует наш внутренний мир / пер. с англ. П. Петрова. М. : Астрель: CORPUS, 2010. С. 17.

实际上，在全球范围内，我们正在目睹社会心理学著名的群体两极分化效应的实践。其实质是，由于一般性讨论，小组成员的看法相对适中，与两个相反的、最激进的观点近似。换言之，随着时间的推移，任何社会群体都会出现内部分裂。

例如，从 1970 年到 2010 年，10% 的英国人增加了 400% 的财富，10% 的穷人增加不超过 30% 的收入。

分层意味着失去在对话中看到对立面两者整体的能力，在与另一方互动时需要回答"我是谁"这一问题。

教育从独白到对话的转变，是基于让学生能够根据自己的个性认识周围的世界，从而成长为不同于其他学生的独立个体。它有助于培养一个人从不同角度看待同一事件的能力以及摆脱刻板印象和倾听他人的能力，特别有助于培养不同文化背景的人。

东方文明和西方文明这两种杰出文明之间的对话一直是很重要的。许多历史学家仍未找到在人类历史上独特的时代，基督教出现之前的时代——希腊时代，哪个文明在更大程度上影响了另一个文明这一问题的答案，是东方的西化还是西方的东化？

20 世纪中叶，约翰·杜威、萨尔韦帕利·拉达克里什南、简·桑塔亚纳表达了他们对东方和西方文化对话可能性的看法。这三个人都表示否定，"只有先摧毁东西方文明，才能建立两者结合的新哲学"。由于文明原则的根本异质性，西方文化与东方文化之间的对话不仅难以想象，而且难以实现。只有在认识到并保持它们的异质性和不可抗拒的矛盾性的情况下，才有可能建立起商业的和实际的关系。

人的教育能否影响不同文化间的相互倾听？根据黑森的观点，有多少文化就有多少教育。拥有文化历史的倾听能力与人们看到刻板观念和避免沟通障碍的能力大致是如何比较的？人们的灵魂只有比个人的灵魂更复杂的结构。

将外部体验转化为内部体验，就可以倾听他人，这是简单复制别人的东西并变成自己的东西的方法。但是，在这种机制下，内部空间没有变化，无法反映一个人对他的文化的归属。倾听他人的能力属于更高级的能力，人的倾听能力基于他从外部观察自己的能力，也包括改变自己的能力。人的内心空间只有在遇到另一个"非零"空间时才处于变化状态。

改变社会的知识创新

知识能影响一个人和整个社会的生活吗？"当然，无法想象没有知识当今科学和社会将是什么样子，现在的社会也常被称为知识社会"，大概每一个理智的人都会这样说。

知识与教育一直有密切的联系，但是人类知识储备对"社会的学习能力"影响很小，这证实了历史无以为教思想的合理性。人们更多地使用他人的名言，人类行为和交流的模式化和独白性表明"社会创造力"正在倒退。换句话说，人类和社会的"创造力指标"不会因时代知识的增多而改变。

罗津用一种思想来反映知识的增长，即今天对个性的理解"开始包括对个性的不同理解"。哲学家就"差异"思想表达了同样的想法："现代哲学和方法论必须承认不只存在一种单一的思想，而是存在许多不同的思想。"[1]

著名的苏俄方法论者克拉耶夫斯基撰写了《我们有多少个教育家？》这篇文章，介绍了选择教育内容的方法。文章提到，在很大程度上，个性和多种思想的结合是相辅相成的。人类历史文化遗产对人的生命和社会历史所产生的作用甚微，这就产生了下面这一问题：我们有多少知识？例如，在教育学和哲学文献中，"教育"概念、"哲

---

[1] *Розин В. М.* Психика и здоровье человека. М. , 2010. C. 114.

学"概念和元主体知识等概念已经牢固地确立下来。

在我们所考虑的范围内，我们需要区分两种知识：文化和历史知识、个人知识。这两种知识包含从他人处获取的信息和个人知识，即主体从个人经验中获得的知识。

文化和历史知识是属于人类的知识，知识是不属于个人的，一般性的知识包含了不同学科领域的信息。随着人类外部边界的扩大，这种知识不断增加。文化和历史知识不属于个人，对每个人都是"外来的"，与其疏远并不能改变个人是其创造者的特点。

个人知识是元主体的核心，指导个人的日常活动。这种知识能够帮助一个人完成自己的使命。

"如今，知识可以从根本上改变一个人的生活，包括他的身体，大脑，心灵。换句话说，知识确实侵入了现有的生活世界……"莱托尔斯基写道。在这种情况下，我们谈论的是文化和历史知识。然而，个人知识在多大程度上影响了历史进程？以学生创造力为重点的教育系统在多大程度上影响了社会发展？换句话说，我们将尝试定义个人知识在历史上的"教育者"角色。

人们普遍认为，将老一辈人的经验传授给年轻一代，让孩子模仿父母，是世界和社会可持续发展的关键。关于周围世界变化的原因，法国社会心理学家塔尔德提出了另一种观点。从他的角度来看，世界变化加剧的原因是模仿，因为模仿是某些人重复他人的行为。少数富有创造力的人的成果成为大多数人模仿的对象，这显然是来自"创意中心"的模仿圈效应。这位法国科学家认为，历史进程的引擎是模仿圈碰撞（或叠加）的结果。

从历史上看，教育具有模仿性和传递性。教育内容被视为一种适应社会的经验传递给学习者，不考虑学生个性特征的文化和历史知识的传授过程，因此教育具有独白的特点。

启发式教育系统（意义、目标、教育内容、评分标准）通过对话培养个人自我改变的能力，为学生提供了进行个人教育实践的机会。

学生的问题优先于他的回答，这可以在教育中创造条件，使他们找到通往自己的道路。引用哲学家马尔雅文的话："东方智慧的秘密在于放空自己或放下一切。放下一切是东方智慧的座右铭，然后一切都会来找你。离开自己就是超越自己。"

或者，正如马马尔达什维利所写的那样："我们的个性是我们生气时自己所迷失的程度。"① 将"自己"与"他人"进行比较，就是从外部看待自己。在将"自己"与"他人"进行比较时，学生不仅要进行自我实现，打造"自我"产品，还要有一条"通往自己的道路"，这是道德的开端。其不同于通过信息"扩展"学生的外部边界这种"远离自己"的方式。

一个人与外界对话产生知识的同时反思自我并深化对自我的认知，通过克服自身、从外部审视自我，创造个人知识。由此得出一个重要的结论：学生对自己的本质的诉求产生了个人的意义、知识、动机以及创造力。

这是学生对自己的本质诉求，即个人素质（认知力、创造力和组织能力）的变化，这就是出现新知识的原因——个人的而非无人的。换句话说，"自我"的产生是自我认知和自我改变行为的实现。

发现会改变学生自身：如果没有内在的"基础"，就无法发现。如果一个人自己不改变，就无法产生关于世界的知识，也无法创造自己的产品。而且，一个人有多少变化就创造多少个人知识。如果教育制度不着眼于改变学生的个人素质，那么它也使社会失去出现新知识的机会。

在自我实现和产生个人知识的过程中学生个人素质的改变揭示了

---

① *Зинченко В. П. Блуждание в трех соснах, или Тоска по личности* ［Текст］// *Человек.* 2011. № 4. С. 5－20.

学生的个性动机。在个人知识的结构和内容中，既存在文化和历史知识，又存在学生个体组织活动性的增量，他设定目标，选择实现目标必要的学习形式和方法，并对教育活动进行反思。个人知识是学生向外部世界提出问题的产物，包含的内容与问题相同：认知的、道德的、发展的和创造的。

但是，学生个人知识的主要组成部分是动机。动机就像知识和个性一样，也是一种态度。这是个人知识的"秘密"，它只能是"主动的"。在个人知识中不仅包含知识而且包含能力，这是将个人知识和活动相统一的教学方式。

动机唤醒了人们对自身本质的诉求，增加了由于个人知识而自我实现和创造的可能性。动机与个人、独特、异类相关，并随着人们边界的扩展而消失。比比欣写道，如果中世纪文化是基于对同一文本的反复阅读产生的，且每次都带着新的思想转向，那么新时代的文化就是基于"对不同文本的一次性阅读"。

如今，人们所创造的个人知识越来越少。认知和对话的创造性正逐渐被信息交流取代。信息交流使人从"深入"转向"扩展"。实际上，扩展诞生在人自己创造的世界中。人的外部边界的扩展表现为完整性的丧失并转向零碎和离散，这些转变包括：思维、交流、个性、艺术（后现代主义的特征）、知识（转向信息交流）、科学（从基础到应用的转变）以及人类生存的其他领域。换句话说，扩展导致了内容——元主体的丧失。

认知和对话的创造性基础退化为信息交流基础。然而，不同于思维产生文字，沟通产生的是信息。

拥有"无人"知识，就会产生一个"它"的世界，失去一个"你"的个性世界，并形成刻板的模式而且被不断模仿。然而，这种创造仅有"平面"价值，就像平面玻璃上的奇特图画一样。这个"平面"否认宇宙存在，即否认人的自我发现。

认知和沟通的动机

教育学界元老之一的费洛诺夫院士指出："现代教育中一个非常重要的问题就是学生学习的意识和动机发生了改变，这是我们今天必须关注的内容。"①

事实上，在过去几十年中，教学研究目标的一个关键方面是提高学生的学习积极性。从哲学的角度来看，社会现象的大众化和沟通频率的增加已经造成个人动机丧失的问题。随着社会主要领域的全球化和信息化的发展，人们丧失了进行教育活动、交流和自我认知的动机。这一过程规模越大，人们活动的非个人化程度和"匿名性"就越高。社会心理现象中的"社会伦理"概念②本身就表明，在全球化的背景下，人类认识世界的动机正在下降。一个世纪前，法国工程师林格尔曼表明，一个群体的集体行为能力不超过其成员工作能力的一半。③

个人知识和文化历史知识之间的距离意味着人们丧失了知识动力。我们可以看到，如今一个对自我知识缺乏动力的人，常常进行独白和刻板行为，对了解外部世界的动力也很低。

丧失认知动机的第二个方面的原因是知识完整性的丧失。

知识一直是少数人所拥有的，因此可能有其价值，即有其边界。当亚历山大得知亚里士多德——他的老师——告诉别人他所知的知识

---

① *Филонов Г. Н.* Герменевтический ресурс рефлексии в современном образовании // Вопр. философии. 2012. № 11. С. 158 – 163.

② 这一现象的本质是，在一个团队中总产品的价值始终低于团队成员个人产品的总和。

③ *Майерс Д.* Социальная психология: интенсивный курс. СПб.；М.，2004.

时，他愤怒地写信给他：为什么要让所有人都知道？[①]

人在时间和空间上是有界限的。出于同样的原因，知识也有局限性——未知。与信息不同，"知识"这一概念本身与局限性有关。然而我们今天对知识有什么看法呢？知识是人能够获取的，人通过知识扩展边界。

如今，知识的获得和交流变得越来越容易，越来越多，并且正在发生变化。知识始终以完整性为特征，符合科学的先验理念——普遍性和必要性，少量新的知识由此而来。

人类外部边界的扩大与消费社会的加剧"相吻合"，这需要科学的应用。仅仅关注应用型任务会导致科学思维的分裂，忽视逻辑连贯性和一致性，是基础科学和理论知识的本质要求。"科学头脑参与解决应用认知问题（无论是在自然技术还是人文技术领域），都失去了以客观和理性认知为指导的动机。"[②]

失去学习的动机会加快整体知识转化为离散的信息的速度。知识变成信息，失去了价值，与人"分离"，不再是知识。如果你想要解释世界，你不需要《创世记》——你有科学；如果你想要统治世界，你不需要祈祷——你有技术；如果你想要繁荣兴盛，你不必寻求上帝的祝福——你有世界经济；如果你想要权力的影响力，你不需要先知——你有自由民主和选举；如果你生病了，你不需要牧师——你可以去看医生；如果你感到内疚，你不必懊悔——你可以去看心理医生；如果你情绪低落，你不需要信仰——你可以服用药丸。如果你仍然沉迷于救赎，那么你可以去当今的"大教堂"，一位美国作家称为

---

①　О нравственности, патриотизме, культуре и бескультурье（актуальный разговор на вечные темы）. Круглый стол // Вопр. философии. 2009. № 11. С. 3 – 26.

②　*Зинченко В. П.*, *Пружинин Б. И.*, *Щедрина Т. Г.* Истоки культурно - исторической психологии：философскогуманитарный контекст. М. ： Рос. полит. энцикл. , 2010.

"大众消费武器"① 的购物商场。

边界的丧失是同质化的途径，内容的丧失有损形式。通过信息传播而不是交流，知识变得像一本书一样具有普遍性。拉尼尔写道："当今社会的全球化和信息化进程，将使我们像中世纪的帝国或朝鲜一样，成为一个只有一本书的社会。"② 更早以前，路德维格·维特根斯坦写道："如果我们想象出一位智者，在他所写的书中描述世界上存在的一切，那么将找不到道德存在的地方。"③

美国心理学家斯金纳在《超越自由与尊严》一书中认为，在一个理想的理性社会里，没有什么是必要的。在一个理性的社会里，爱和同情是必要的吗？

文本边界的缺失充分证明："自我复制的做法隐含着文本价值观本身被完全淡化的危险，如果你可以表达任何观点，那么你将失去在超信息流中找到值得关注的东西的机会。"④

文本边界的缺失（"扩展"为超文本）是文化缺失的特征。这意味着，由于丧失文化，我们正在失去历史记忆。

实用性通常是"迷失和欲望"俱乐部的入场券。个体最大边界的扩展导致世界价值的丧失，这反映为世界的"解体"（世界末日），许多现代哲学家指出了普遍的"意义丧失"。莱姆的话证明了学习和沟通的动机与价值观之间的联系："在一个拥有一切的地方，完全没有价值……"⑤

---

① *Сакс Дж.* Границы секуляризма // Вопр. философии. 2013. № 4.

② *Ланир Дж.* Вы не гаджет // Манифест. М.，2011.

③ О нравственности, патриотизме, культуре и бескультурье（актуальный разговор на вечные темы）. Круглый стол // Вопр. философии. 2009. № 11. С. 3 – 26.

④ *Емелин В. А.*，*Тхостов А. Ш.* «Вавилонская сеть: эрозия истинности и диффузия идентичности в пространстве интернета» // Вопр. философии. 2013. № 1. С. 74 – 81.

⑤ *Лем С.* Диалоги // Диалоги. М.，2007.

沟通消除了限制，并通过消除界限来增加实用性。知识量的增加导致其内容、价值的降低。因此，深度和完整性被否定，价值也被否定。知识的边界产生了它的价值。

失去动力就是失去知识的完整性及其元主题。动机与个人、独特性、多样性相关，随着个人边界的扩大而丧失。比比欣认为，如果中世纪文化是基于对同一文本的反复阅读而产生的，且每次都带着新的思想变化，那么新时代的文化就是基于"对不同文本的一次性阅读"。[①]

学生认识外部世界的动机产生于对自身本质的探究，是在其个人素质发生变化的条件下产生的。正如新芽破土而出的顽强生命力，即"寻求自我"。[②]

学生交流的动机

认知动机与沟通动机密切相关。

个人边界的扩展导致这样一个事实，即思维的基本单位不再是思想，而是交流。思想总是产生词，而交流产生的是信息。信息作为大众传播的产物，是独白的关键单位。它不是为了继续沟通，不是为了共同了解对话中发生的真相，更不是通过另一个人更好地了解对方和自己。消息类似于一种没有意义的格言：作为信息的载体，它设定了信息交流的轨迹，将交流变成多个单向的独白，它们彼此之间没有关联。非人格化和多元消息的"缺点"代表交流的"瓦解"，由于交流参与者缺乏对复制内容的比较，因此失去了动力。沟通的退化表现在

---

① *Фатенков А. Н.* Субъект: парадигма возвращения // Человек. 2011. № 5. C. 5 – 20.

② *Зинченко В. П.* Блуждание в трех соснах, или Тоска по личности // Человек. 2011. № 4. C. 5 – 20.

个性、性格、情感和风格的丧失中，表现在一系列公式化的短语和单词符号中。这种情况下，沟通的表述和展开失去线性，越来越成为"块状"、"集合"及"超文本"。①

在现代教育体系中，我们可以看到一些现象：鲜活的、直接的对话被放在次要位置上。这在学习形式中尤为明显，在这种形式中，知识的掌握过程被简化为从教师到学生的简单信息"传递"。

今天，教师–学生信息传递的纵向交流优先于构成人类社会化过程本质的学生–学生的横向交流。与社会一样，如今学校的沟通越来越刻板。② 教育的独白性和刻板重复决定了学生反应的一致性。学生在接受外部指定教育内容的条件下，无法比较自己的学习成果，因为缺少沟通而失去比较的前提。

学校交流的独白导致不同学生受到教育后的结果都比较相似，因为缺少比较的前提，教育中没有对话，没有学生个人思考的过程。比较不同产品的能力对学生的认知作用比获得具有相同模式答案的"正确"信息要大得多。这种交流具有以自我为中心的操纵性，导致学生思维中的认知和创造性成分减少。如果学习意味着每个人都可以根据模型以相同的方式得到预先要求的答案，那么这说明学生的个人动机，即对沟通的关注，是脱离教育过程的。

交流动机的问题在心理学中研究广泛③，但是在教学方面（学生在学校交流的动机）实际上尚未得到研究。从 20 世纪 50 年代中期开

---

① *Король А. Д.* Общение и проблемы дистанционного образования // Вопр. философии. 2011. № 6. С. 173 – 176.

② 尽管如此，我想指出的是，信息和教学技术的结合可以为学生的教育对话和创造性自我实现提供机会。

③ К ней обращались С. Л. Рубинштейн, А. В. Запорожец, А. Н. Леонтьев, А. В. Веденов, Д. Т. Кемпбелл и Н. Д. Творогова, Ш. Н. Чхартишвили и др.

始逐渐发展起来的人际关系理论证明，单调是缺乏交流动力的可能原因之一。该理论基于这样一个事实，即社会背景和人类环境不构成信息转化和人际交往发生的条件和环境，而沟通本身，被理解为人际关系的基础。人类环境本质上是对话性的，并且包含了交流和活动动机的稳定因素，该动机由自然界和社会本身的多样性决定。

由于教育系统存在的刻板性，学生在学校交流的动机实际上没有被研究过。独白教育中的"他者"问题甚至没有从理论到实践的实现机会：学校交流的"纵向"渠道（"教师－学生"）不会为"横向"的（"学生－学生"）交流创造条件。我们可以自信地断言学校交流的动机与教育中的个人原则之间的联系：对话教育的水平达到多高，学生的个性发展水平就能达到多高。

这里应该区分交流和沟通动机的概念。沟通的动机产生于两个或两个以上不同的信息来源之间。然而，这种条件不足以激励沟通。交流动机基于学习者的观点和个人价值观的差异：对话者价值观的"差异"越大，沟通的动机就越大，对话者能力的提升就越高。

因此，维基百科信息超文本包含无限的、大量的、最多样化的信息，但不包含直接的个人联系、个人原则，与塞莱斯汀·弗莱纳发展教育系统中的普通文档不同。在超文本中仅有交流的动机，但实际上没有沟通的动机，沟通动机的条件是"自由、独特且对彼此而言有价值"①，他们以普通自由文本的形式展示和记录自己的活动成果和教育成果。这些文本具有高度的反思性，从文本构思起草到最终完成的全过程都有学生的参与，整个过程都是在沟通的基础上对文本进行

---

① *Каган М. С.* О педагогическом аспекте теории диалога // Диалог в образовании：сб. материалов конф. Вып. 22. СПб.：Санкт － Петербургское философ. о－во，2002.（Сер. «Symposium»）.

理解、修正。①

显然，学生不同教育成果的异质性构成了解决教育中"他人"问题的办法。它出现在一个案例中，当为学生提供的任务是开放的，即包含许多可能的答案，并暗示学生的创造性自我实现时，开放任务就解决了失去沟通动机的最重要原因之一——缺乏自我实现的机制。卡根指出："交流的动机与交流过程中的自我揭示之间有着不可否认的联系。在创造新产品和不确定条件下开展此类有创意的活动中，沟通比交流更有利于个人潜力的发掘和实现。这是学生在教育中建立自己个性化轨迹的保证。"②

相对而言，有一个动机的"公式"。它是由著名科学家 M. C. 卡根和 A. M. 埃特金德在有关沟通的一部著作中所提出的。即动机与自我实现、自我发掘程度成正比。

学生的活动是自我实现的结果（不是强化对信息的感知，而是学生创造自己的教育成果），这意味着对话交流的动机。学生的主观教育成果总是作为一个交流的要求，与其他学生完成相同任务取得的成果进行比较。当一个学生展示自己的成果并将其与其他学生的成果进行比较时，就会产生动机，这些成果独一无二且不可重复，从而有可能将"自我"与"他人"进行比较。相反，向学生传播人类的成就而不考虑学生的个性特征，剥夺了他们自我认识现实的可能性，意味着缺乏学生教育成果，缺乏展示和比较这些成果的能力。

无法看到对教育成果的不同观点和意见意味着学生失去反馈，即其他人如何看待他的成果，自己如何通过其他人的视角重新审视这一成果。因此，违反教育反馈原则学生就无法建立自己的教育路径。同

---

① *Френе С.* Избранные педагогические сочинения: пер. с франц. М.: Прогресс, 1990. – 304 с.

② *Каган М. С.*, *Эткинд А. М.* Общение как ценность и как творчество // Вопр. психологии. 1988. № 4. С. 119 – 121.

化和泛化是思维和沟通定型观念的附属品，否认了沟通的真正动机。相反，沟通的动机消除了刻板印象，完成了自我实现的基础作用。

这意味着基于对话的启发式教育体系注重学生的自我实现和个人教育轨迹的构建，是学生动机产生"工厂"。原因在于学习者的自我实现与自我认知并存。

应当指出，学生自我实现的对话基础将学生的学习动机与沟通的动机联系在一起，为学生提供了提问、证明和反驳陈述的机会。

词条汇编

1. 互动性思维：是基于个人与其他学生的学习成果比较的一种文化历史类比，具有互动性，根据异种学原理对"我"进行定义："当你知道你不是谁的时候你才知道你是谁。"

2. 教育体系的互动性：教育体系的互动性侧重于通过发现学习，创造学生自己的教育意义、目标和内容。在第一阶段，学生独立学习现实的对象，在第二阶段将创造的产品与文化和历史进行类比。根据"自己的"和"别人的"之间的对话，学生创造出综合的教育成果，由外部物质（制定的假设、完成的计划、赞歌、象征等）和内在条件（学生自身素质的变化）组成。

该原则的应用使学生能够确定自己的使命、目的、学习目标，反思自己的行为。

3. 知识：知识包括两种类型。文化和历史知识——人类的成就及其总和，以法律、定义、规律等形式呈现；学生个人知识是自己在创造性活动和自我实现过程中，在"自己的"与"别人的"文化和历史遗产的对话中形成的。个人知识不仅包括人类在此方面的成就，还包括学生个人的经验、行为动机。

两种类型的知识分别在教育体系设计的两种方法论中占主导地位：学生作为"白纸"和"未知植物的种子"。第一种方法的应用决定了教育的独白性质（意义、目标、内容、评估标准）——将人类的多元文化经验以现有的成果形式传递给单一文化的学生。但所有学生都是不同的，他们有不同的能力、兴趣和目标。经验和知识一样，无法传达，因此，这种信息传播导致刻板印象和模式的增长，教会学生用别人的眼睛而不是自己的眼睛看周围世界的物体，减少了学习的动力。一个人是"未知植物的种子"，不能用他人的文字来填充。要为"种子"的生长创造条件。

4. 个体教育轨迹：学生自我改变的轨迹（启发式人格特质的增加），通过开展相关活动，确保其在教育中的使命和内在潜力得以实现；在"自己的"与"别人的"的对话中，学生通过他创造的外部教育成果找到自己的道路——这是一种文化和历史的类比。

5. 内在化（心理学）：通过对一个人外部社会活动结构的同化，形成心理的内部结构。

6、教育信息化：教育信息化是实现教育意义和目标关系的次要手段。如果学生是一张"白纸"，那么信息化就充当了信息传递量的"加速器"。如果教育的意义和目标是"成长"而不是"给予"，那么信息化是展示和比较学生教育项目的手段，将"自己的"与"别人的"进行比较，是学生自我实现的一种手段。

7. 文化历史相似成就：在课程主题中反映人类成就中的现实对象；人类成就的"镜子"，可以让学生将自己的成就与人类成就进行比较。包括所研究的科学、艺术、国内和世界传统、技术以及其他人类活动领域的基础知识，这些都反映在学术科目和教育领域。以概念、规律、原则、方法、假设、理论的形式呈现，被认为是人类的基本成就。

8. 个性化教育：个性化教育以学生作为认知主体和客观活动的

个体的特征为基础，保证学生个性和自我的发展。

9. 教育的个人意义：教育的个人意义取决于引导学生的动机。如果意义是将一个人与现实联系起来的一种方式，那么意义将他与他在这个世界上个人生活的现实联系起来。

10. 教育独白：基于信息方法的教育具有模仿性和可转移性，教育内容被视为教授给学生符合教学法的社会经验。事实上，我们谈论的教育是多元文化的、笼统的、"不属于任何人的"，没有考虑到学生的文化、心理生理特征，因此，教育具有"注入性"。

这种"注入式"教育体系首先否认学生对周围世界的认知具有独立性、创造性的本质，否认其作为创造者的素质的发展，能够自我认识和自我改变。如果教育过程被简化为规则、方案、分类、定理和模式形式死板信息，则很难教会学生跳出框架思考。而在道德发展的问题上，如果没有与自己、与他人对话的能力，学生很难养成宽容他人的习惯。对于一个人来说，新的信息是没有开放性的，因为发现是要用自己而不是别人的眼睛看待世界。

"注入式"教学法阻碍了学生个性的培养，增加了教学量，从而造成学生负担过重，加剧了健康问题。

11. 交流动机：当有两个或更多优秀的学生产出的成果表现其独特个性存在时，就会产生交流的动机。这在教育背景下是可能的，其目的不是将信息从来源——教师，传递给不同的学生（那么每个学生的结果将是相同的，只会反映所传递的内容），而是每个学生实现自我和创造教育成果。

12. 认知动机：认知动机与任何人的自我实现、自我披露程度"成正比"。动机与个性、独特性、非大众化有关，并随着个人边界的扩展而消失。

13. 人性化教育学派：人性化教育是一种科学趋势，基于人无穷无尽的潜在思想的可能性和教育作为实现这些可能性的手段，其中人是"未知植物的种子"。

14. 教育：教育被理解为一个人的发展、形成、"成长"的过程，是一个人各个方面的内涵从潜在到现实的过渡。教育不是传授科学或经验的总和。知识或经验是不能转移的。

人的教育应该针对其需要——根据他的使命和目的发现、发掘和实现其潜能。应该引导学生发现自我的"康庄大道"，鼓励学生开辟个性化发展道路。

15. 教育能力：是对学生的教育准备的要求，表现为学生在一定范围内与现实对象相互关联的思想定位、知识、能力、技能和经验，开展对个人和社会有重要意义的生产活动。

16. 教育反思：学生对其教育活动主要要素的认识和分析、识别优势和劣势，以及该活动的情感和价值结果。反思的互动性表现在学生"跳出去"，从外部审视自己的活动及其结果。由反思引起新问题、新的活动目标的出现。

17. 教育环境：学生自然或人为创造的社会文化环境，包括各种类型的教育手段和内容，能够确保其生产活动。

18. 教育目标设定：教育目标设定是教育活动的主体，由学生、教师、家长设定目标的过程和结果。目标设定是主体创造教育成果的第一阶段。目标反射是与生俱来的特点之一，即达到目标是其生活的重要能力。

目标设定是基于已知与未知的分离，对即将发生的活动向自己提问。

19. 教育通信功能：是对学生教育训练的要求，通过一系列相互关联的思想定位、知识、能力、技能和经验来实践，远程与人进行互动是个人和社会所必需的重要方式。

20. 教育成果：是学生通过学习实践产出的成果，其内容与所研究的学科或教育领域相对应。由外部物质（制定的假设、完成的计划、赞歌、象征等）和内在条件（学生自身素质的变化）组成。

21. 教学：教学是学生与教师之间有组织的互动过程，旨在解决教育问题，从而使学生获得知识、能力、技能，培养个人素质。

22. 活动研讨会：是学生基于启发式（通过发现学习）、对话式教育成果的形式，根据其目标组织的生产活动。该活动引导学生创建自己的教育成果——外部（课程方法的开发、系列任务、教育机构发展计划、交流）和内部，包括其启发式个性特征的发展、提供自我实现，从而提供专业活动的动力。

23. 学生的发现：学生的发现产生于"自己的"和"别人的"对话，是学生与文化历史相似成就比较的教育成果。发现需要开放的教育内容，例如开放型任务。

教育体系的对话模式与传统对话模式的不同之处在于，学生在创造性的自我实现过程中，创造出学生个性化的教育产物。学生对外部世界的发现就是对自己的发现。由此可见，通往自我的道路是通往成功之路的核心。

24. 开放（启发式）任务：启发式学习内容中最重要的是对任何学生都"开放"，即没有固定的"正确"答案。任务的开放性为学生提供了自我发现的机会。学生取得的结果是独一无二的，反映了其个人创造性的自我表达，而不是预期的"正确"答案。

25. 教育环境的开放性：是每个学生创造"自己的"的机会，取得不同于他人的教育成果。环境的开放性与学生为其提供自我发现的机会相匹配。在学生创造自己的产品的过程中，一个发现能让世界充满他的意义。

26. 教育的异化：教育的异化发生在"注入式"教育中，学生被传授所谓的人类社会经验（更准确地说是信息）而不考虑其特征（生理、文化、历史等）。在教育的互动性中，学生首先要创造他的产品，然后才将它与人类在该领域的成就进行比较，学生就创造了个人知识，包括文化、历史和与对象相关的自己活动的经验的现实。学生的自我实现，专注于创造"自己的"，而不是吸收"别人的"信息，提供动力并将其意义和内容填充周围世界。

27. 发展与自我实现：发展与自我实现密切相关。发展旨在掌握学生的某项活动，例如，学生绘画能力的发展。然而，学生自己是否意识到为什么他需要培养绘画能力？他是否为自己设定了类似的目标？

自我实现，本质上是指学生发现自己。学生在教育过程中的自我实现使他发展的不是个人活动的总和，而是他在诚信方面的潜力。

发展是（认知、自我）增加的"总和"，但它不是不可或缺的——学生本人，他对自己道路的认识，在其中没有犯错的余地。在这方面，自我实现是学生自我成功的途径，而发展是某项活动成功的证明。

28. 思考的自反性：反思能力——分析自己行为的结果、与目标进行比较、辨别教育活动中重要的成功和失败，以及确定新目标的能力。

思考的自反性与对话式思维有关，但不完全相同。

29. 远程交流：学生是交流活动的组织者和参与者，进行提问、回答、论证和反驳活动。远程交流允许教师将学生学习的结果与其他学生的进行比较，是学生创造个人知识的先决条件。

远程交流在教育过程中的类人意义是为学生提供自我实现的机会，没有"镜子"——从他人那里接收关于他的教育成果是什么的"信号"，是不切实际的。正如一个人可以在他人意见的影响下改变自己的行为轨迹一样，如果没有反馈，就不可能发掘学生的个性特征，进行个性化教学，其基础是"横向的"教育互动。

30. 交流的组织形式：

● 面对面远程教学（例如网课）；

● 远程奥林匹克竞赛；

● 远程会议；

● 远程项目、创意竞赛等。

其主要内容基于开放型任务，允许每位参与者创建自己的教育成果，与其他参与者的成果不同，并将其与其他成果进行比较。

31. 基础教育：基础教育对象（现实领域）是学生共同的认知对象，为每个人提供认知的个人结果，从而形成了个人的教育轨迹。例如，基础教育对象包括自然对象（水、空气等）、文化对象（文学作品、建筑结构、艺术作品等）、技术设备（计算机、电话、电视等）。这些是基础教育领域的核心节点，归功于学生真正的知识领域，并构建了一个理想的知识体系。

32. 启发式对话：是启发式学习、通过发现学习、"自己的"（学生的教育成果）和"别人的"（人类在特定学科领域的成就）对话的基础。学生掌握现实对象与创造其产品的首要地位，与随后在该领域的人类成就相比较，决定了学生问题在认知中的首要地位。学生的问题是基于启发式对话教育系统的方法论的组成部分。问题是学生回答的教学形式。启发式对话被理解为学生在其教育活动的每个阶段向外部教育环境提出问题：目标设定，与他的文化、历史、心理特征相一致的形式和方法的选择，反思活动。

在启发式对话中，学生旨在认知对象的提问活动通常由固定化问题表示："是什么？"（"我们在学习什么？"），"为什么？"（"为什么我的想法在所有方面都与文化历史相似成就不一致？"），"怎么办？"（"文化中如何描述这个对象？"）。这些问题被称为示范问题，疑问词"是什么""为什么""怎么办"不一定出现在学生的问题中。

学生启发式对话作为教育认知提问的主导，是教育意义、目标、内容、形式和方法的重要组成部分。

33. 启发式教学：在与人类成就的对话中构建学生自身的教育内容。启发式是发现的科学。根据启发式学习的方法论，处于认知第一阶段的学生学习基本的教育对象——现实领域。这种活动的结果是学生创造的主要教育成果。然后，在启发式活动的第二阶段，将主要成果与其文化历史成就进行比较。在启发式活动的第三阶段，在"自己的"和"别人的"对话中，学生的教育成果被构建为包括个人和社会文化成分的广义教育成果。

在启发式教学中，学生发现周围的世界就是发现他自己。

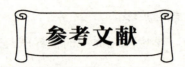

参考文献

1. Айседора Дункан: сборник/сост. и ред. С. П. Снежко; вступ. ст. и коммент. Н. К. Ончуровой. – Киев: Мистецтво, 1989.

2. Афоризмы старого Китая/сост., пер., вступ. ст. и коммент. В. В. Малявина. – М.: Астрель: АСТ, 2004.

3. *Бибихин В. В.* Язык философии/В. В. Бибихин. – СПб.: Наука, Санкт – Петербургская издательская фирма, 2007.

4. *Бодрийяр Ж.* Симулякры и симуляции/Ж. Бодрийяр; пер. с фр. А. Качалова. – Москва: Постум, 2015.

5. Будь тем, кто ты есть! Наставления Шри Раманы Махарши/сост. Д. Годман; пер.

с англ. и сост. рус. изд. О. М. Могилевера; под ред. Н. Сутары. – 2 – е изд., испр. и доп. – М.: Изд – во К. Г. Кравчука, 2002.

6. *Виролайнен М.* Речь и молчание: сюжеты и мифы русской словесности/М. Виролайнен. – СПб.: Амфора, 2003.

7. Высказывания индейских вождей и старейшин [Электронный ресурс]: // К Земле с любовью и знанием. – Режим доступа:

http：//poselenie. ucoz. ru/publ/vyskazyvanija_ indeyskih_ vozhdey_ i_ stareyshin/1 − 1 − 0 − 495. − Дата доступа：13. 08. 2018.

8. *Гессе Г.* Сиддхартха/Г. Гессе；пер. с нем. Г. Б. Ноткина. − СПб. ：Азбука − классика，2003.

9. *Григорьева Т. П.* Буддизм и современная мысль/Т. П. Григорьева // Вопр. философии. − 2015. − № 6.

10. *Гуревич Т. М.* Неговорение в японском дискурсе/Т. М. Гуревич // Восток − Запад：историко − литературный альманах，2003 − 2004. − М. ，2005.

11. *Гуссерль Э.* Кризис европейских наук и трансцендентальная феноменология：введение в феноменологическую. философию/ Э. Гуссерль；пер. с нем. Д. В. Скляднева. − СПб. ：Владимир Даль，2004.

12. *Джебран Х. Д.* Песок и пена/Д. Х. Джебран // Избранное：пер. с араб. и англ. /сост. ，предисл. и коммент. В. Маркова. − Л. ，1986.

13. *Джебран Х. Д.* Странник. Притчи и речения：сборник/Д. Х. Джебран；пер. с англ. и араб. ，сост. предисл. и примеч. В. В. Маркова ［и др. ］. − М. ：Сфера，2002.

14. *Жиртуева Н. С.* Типология универсальных и индивидуальных особенностей мистических традиций мира/Н. С. Жиртуева // Вопр. философии. − 2016. − № 4.

15. *Зимбардо Ф.* Парадокс времени. Новая психология времени, которая улучшит вашу жизнь/Ф. Зимбардо，Д. Бойд；пер. с англ. О. Гатановой. − СПб. ：Речь，2010.

16. *Иванов В. В.* Чет и нечет：асимметрия мозга и знаковых систем/ В. В. Иванов. − М. ：Сов. Радио，1978.

17. *Ильин Е. П.* Психология общения и межличностных отношений/

Е. П. Ильин. – СПб. : Питер, 2009.

18. Иосиф Афонский (Исихаст), старец. Изложение монашеского опыта/ Иосиф Афонский (Исихаст); пер. с новогреч. В. А. Гагатика. – Сергиев Посад: Свято – Троицкая Сергиева лавра, 1998.

19. Исаак Сирин, преподобный. Слова подвижнические/Исаак Сирин. – М. : Правило веры, 1993.

20. История успеха Владимира Малявина [Электронный ресурс]: видеоверсия интервью Владимира Малявина для программы «История успеха» радиостанции Finam. FM // Средоточие: центр Владимира Малявина. – Режим доступа: http: //www. sredotochie. ru/ videozapis – 1/. – Дата доступа: 13. 08. 2018.

21. *Кагге Э.* Тишина в эпоху шума: маленькая книга для большого города/Э. Кагге; пер. с норвеж. А. Мариловцевой. – М. : Альпина паблишер, 2017.

22. Классическое конфуцианство: в 2 т. /сост. А. С. Мартынов; пер. , ст. , коммент. А. Мартынова, И. Зограф. – СПб. : Нева; М. : Олма – Пресс, 2000. – Т. 1: Конфуций. Лунь Юй.

23. Кодекс бусидо: Хагакурэ. Сокрытое в листве: сборник/пер. А. Боченкова, В. Горбатько; предисл. и глоссарий Т. Улищенко. – М. : Эксмо, 2003. – (Серия «Антология мудрости») .

24. Конфуций. Луньюй: изречения/Конфуций; пер. с кит. И. И. Семененко. – М. : Эксмо, 2007. – (Антология мудрости) .

25. Конфуций. Луньюй: изречения/Конфуций. – М. : ЭКСМО, 2003. – (Серия «Антология мудрости») .

26. *Копнин П.* Природа суждения и формы выражения его в языке/ П. В. Копнин // Мышление и язык: сб. ст. /под ред. Д. П. Горского; Акад. наук СССР, Ин – т философии. – М. , 1957.

27. *Корнева А. Г.* Молчание в японской культуре（опыт лингвосемио тического анализа）/А. Г. Корнева // Вестн. Новосиб. гос. ун - та. Сер.：Лингвистика и межкультурная коммуникация. – 2007. – Т. 5，вып. 2.

28. *Король А. Д.* Диалог в образовании：эвристический аспект/А. Д. Король. – М.：Эйдос；Иваново：Юнона, 2009.

29. *Король А. Д.* Диалоговый подход к организации эвристического обучения/А. Д. Король // Педагогика. – 2007. – № 9.

30. *Краевский В. В.* Предметное и общепредметное в образовательных стандартах/В. В. Краевский，А. В. Хуторской // Педагогика. – 2003. – № 2.

31. *Куписевич Ч.* Основы общей дидактики/Ч. Куписевич. – М.：Высш. шк.，1986.

32. *Кучинский Г. М.* Диалог и мышление/Г. М. Кучинский. – Минск：Изд - во БГУ，1983.

33. *Кьеркегор С.* Страх и трепет：этические трактаты/С. Кьеркегор；пер. с дат.，коммент. Н. В. Исаевой，С. А. Исаева；общ. ред.，сост. и предисл. С. А. Исаева. – М.：Республика，1993.（Библиотека этической мысли）.

34. *Лернер И. Я.* Проблемное обучение/И. Я. Лернер. – М.：Знание, 1974.

35. Лунь Юй/пер. В. Малявин. – М.：ЭКСМО, 2003.

36. Марина Цветаева – Георгий Адамович：хроника противостояния/сост.，предисл.，примеч. О. А. Коростелева. – М.：Дом - музей Марины Цветаевой, 2000.

37. *Маслова В. А.* Когнитивный и коммуникативный аспекты художе ственного текста：монография/В. А. Маслова. – Витебск：ВГУ им. П. М. Машерова, 2014.

38. *Мечковская Н. Б.* Социальная лингвистика: пособие для студент ов гуманит. вузов и учащихся лицеев/Н. Б. Мечковская. – М. : АспектПресс, 2000.

39. Мудрецы Китая: Ян Чжу, Лецзы, Чжуанцзы/пер. с кит. Л. Д. Позднеевой; авт. – ред. А. В. Маматов. – СПб. : XXI век: Лань, 1994.

40. *Пахомов С. В.* Источники сотериологического знания и знание – состояние в индуистском тантризме/С. В. Пахомов // Вопр. философии. – 2015. – № 8.

41. *Перлз Ф. С.* Эго, голод и агрессия/Ф. С. Перлз; под ред. Д. Н. Хломова; пер. с англ. Н. Б. Кедровой, А. Н. Кострикова. – М. : Смысл, 2000. (Золотой фонд мировой психологии).

42. *Померанц Г. С.* Собирание себя: курс лекций. – М. ; СПб. : Центр гуманит. инициатив, 2013.

43. *Померанц Г. С.* Дороги духа и зигзаги истории: работы последних лет/Г. С. Померанц. – М. : РОССПЭН, 2008.

44. *Померанц Г. С.* Дороги духа и зигзаги истории/Г. С. Померанц. – СПб. : Центр гуманитарных инициатив, 2013.

45. *Пруст М.* В поисках утраченного времени/М. Пруст. – СПб. : Амфора, 2013.

46. *Робертсон Р.* Введение в психологию Юнга/Р. Робертсон. – Ростов н/Д: Феникс, 1999.

47. *Роботова А. С.* О диалоге, монологе и молчании в образовании [Электронный ресурс] /А. С. Роботова // Высшее образование в России. – 2015. – № 8/9. – С. 122 – 128. – Режим доступа: http: //cyberleninka. ru/article/n/o – dialoge – monologe – i – molchanii – v – obrazovanii. – Дата доступа: 13. 08. 2016.

48. Сент – Экзюпери, А. де. Маленький принц/А. де Сент – Экзюпери. – М. : Эксмо, 2016.

49. *Степанянц М. Т.* От европоцентризма к межкультурной философии/ М. Т. Степнянц // Вопр. философии. – 2015. – № 10.

50. *Толстой Л. Н. Л. Н.* Толстой и Индия : переписка/Л. Н. Толстой; сост. , авт. введ. и примеч. Т. Н. Загородникова; отв. ред. А. В. Бочковская; М – во культуры РФ, Гос. музей Л. Н. Толстого, Ин – т востоковедения РАН. – М. : Наука, 2013.

51. *Торчинов Е. А.* Даосизм/Е. А. Торчинов. – СПб. : Лань, 1998.

52. *Трубников Н. Н.* Время человеческого бытия/Н. Н. Трубников. – М. : Наука, 1987.

53. *Трубникова Н. Н.* Чужого опыта не бывает : Догэн о книжном знании/Н. Н. Трубникова // Вопр. философии. – 2016. – № 7.

54. *Тютчев Ф. И.* Silentium! /Ф. И. Тютчев // Лирика. – М. , 2010.

55. *Фестингер Л.* Теория когнитивного диссонанса/Л. Фестингер. – СПб. : Речь, 2000.

56. *Флоренский П. А.* Столп и утверждение истины : опыт православной теодицеи в двенадцати письмах/П. А. Флоренский. – М. : Лепта, 2002.

57. *Фромм Э.* Иметь или быть? /Э. Фромм. – М. : Прогресс, 1986.

58. *Фудзинума Т.* Японско – русский словарь/Т. Фудзинума. – Токио : Кэнкюся, 2000.

59. *Хайдеггер М.* Основные понятия метафизики. Мир – конечность – одиночество/М. Хайдеггер; пер. с нем. В. В. Бибихина [и др.] . – СПб. : Владимир Даль, 2013.

60. *Хаксли О.* О дивный новый мир/О. Хаксли. – М. : АСТ, 2013.

61. *Хинтикка К. Я. Ю.* Шерлок Холмс против современной логики : к

теории поиска информации с помощью вопросов/К. Я. Ю. Хинтикка // Язык и моделирование социального взаимодействия. – М. , 1987.

62. *Хоружий С. С.* Молчание как семиозис в практике и мистике исихазма ［Электронный ресурс］: тезисы доклада на Симпозиуме по психологическим проблемам феномена молчания, Рига （Латвия）, апр. 2005 г. /С. С. Хоружий. – Режим доступа: http: //synergia – isa. ru/lib/download/lib/% 2B065_ Horuzhy_ Molchanie. doc. – Дата доступа: 13. 08. 2016.

63. *Хоружий С. С.* О старом и новом/С. С. Хоружий. – СПб. : Алетейя, 2000.

64. *Хуторской А. В.* Диалогичность как проблема современного обра зования （философско – методологический аспект） /А. В. Хутор ской, А. Д. Король // Вопр. философии. – 2008. – № 4.

65. *Хуторской А. В.* Дидактическая эвристика: теория и технология креативного обучения/А. В. Хуторской. – М. : Изд – во МГУ, 2003.

66. *Хуторской А. В.* Методика личностно – ориентированного обучения: как обучать всех по – разному: пособие для учителя/ А. В. Хуторской. – М. : Владос – Пресс, 2005.

67. *Цзижу Ч.* Избранные афоризмы из книги «Скажу ли, как подобает старшему?»/Ч. Цзижу // Афоризмы старого Китая/пер. В. В. Малявина. – М. , 1988.

68. *Юнг К. Г.* Психология бессознательного/К. Г. Юнг. – М. : Канон, 2003.

69. Alerby, E. , Notions of silence in school: reflections from a phenomenological life-world approach/E. Alerby // Solitude, silence,

serenity and pausing: the missing philosophical story of education: Annual Conference New College, Oxford, 22 – 24 March, 2013. [Electronic resource] . Режим доступа: https: //www. academia. edu/5031274/Solitude_ silence_ serenity_ and_ pausing_ the_ missing _ philosophical _ story _ of _ education. – Дата доступа: 13. 08. 2018.

70. Argyle, M. , *The Psychology of Interpersonal Behaviour*, Harmondsworth: Penguin, 1994.

71. Ballard, B. , Clanchy, J. , *Teaching Students From Overseas: A Brief Guide For Lecturers and Supervisors*, Melbourne: Longman Cheshire, 1991.

72. Ballard, B. , "Through Language to Learning: Preparing Overseas Students For Study in Western Universities," In Coleman, H. , ed. , *Society and the Language Classroom*, Cambridge: Cambridge University Press, 1996.

73. Barnlund, D. C. , *Public and Private Self in Japan and the United States: Communicative Styles of Two Cultures*, Tokyo: Simul Pressokyo, 1975.

74. Basso, K. H. , "To Give Up on Words: Silence in Western Apache Culture," in P. P. Giglioli, ed. , *Language and Social Context*, Harmondsworth, 1972.

75. Berryman, J. W. , "Silence is Stranger Than it Used to Be: Teaching Silence and the Future of Humankind (Existential Meaning in Nonverbal Religious Expression and Creativity)," *Religious Education*, Vol. 94, Iss. 3, 1999.

76. Burnett, R. , "Mindfulness in Schools: Learning Lessons from the Adults, Secular and Buddhist," *Buddhist Studies Review*, Vol. 8,

No. 1，2009.

77. Brooks，D. R.，*The Secret of the Three Cities：An Introduction to Hindu Śākta Tantrism*，New Delhi：Munshiram Manoharlal Publishers，1999.

78. Cage，J.，*Silence：Lectures and Writings*，Middletown：Wesleyan University Press，1961.

79. Caranfa，A.，"Silence as the Foundation of Learning，" *Educational Theory*，Vol. 54，Iss. 2，2004.

80. Clair，R. P.，*Organizing Silence：A World of Possibilities*，New York：State University of New York Press，1998.

81. Clancy，P.，"The Acquisition of Communicative Style in Japanese，" in B. B. Schieffelin，E. Ochs.，eds.，*Language Socialization across Cultures*，Cambridge，1986.

82. Cooper，D. E.，"Silence，Nature and Education，" in A. Kristiansen，H. Hägg，eds.，*Attending to Silence*，Kristiansand，2012.

83. Dauenhauer，B. P.，*Silence：the Phenomenon and Its Ontological Significance*，Bloomington：Indiana University Press，1980.

84. Davies，R. J.，Ikeno，O.，*The Japanese Mind：Understanding Contemporary Japanese Culture*，Boston：Turtle Publishing，2002.

85. Doi T.，"Some Psychological Themes in Japanese Human Relationships，" in J. C. Condon，M. Saito，eds.，*Intercultural Encounters with Japan：Communication-contact and Conflict*，Tokyo，1974.

86. Doll，W. E.，*A Post-modern Perspective on Curriculum*，New York：Teachers College Press，1993.

87. Duran-Serrano，Y.，*Silence Heals*，Non-Duality Press，2012.

88. Enninger，W.，"What Interactants do with Non-talk across Cultures，" in K. Knapp，W. Enninger，A. Knapp-Potthoff，eds.，*Analyzing Inter-cultural Communication*，Berlin，1987.

89. Gadacz，T. Historia filozofii XX wieku：nurty/T. Gadacz. -Kraków：Społeczny Instytut Wydawniczy Znak，2009. -T. 1：Filozofia życia，pragmatyzm，filozofia ducha.

90. Greene，A. B. ，*The Philosophy of Silence*，New York：R. R. Smith，1940.

91. Heschel，A. J. Człowiek nie jest sam：filozofia religii przekład K. Wojtkowska-Lipska；wstęp S. Krajewski. Kraków：Znak，2001.

92. Jaworski，A. ，*Silence：Interdisciplinary Perspectives*，Berlin；New York：Mouton de Gruyter，1997.

93. Jaworski，A. ，*The Power of Silence：Social and Pragmatic Perspectives*，Newbury Park ，1993.

94. Kagge，E. ，*Silence：In the Age of Noise*，New York：Random House Audio，2017.

95. Kikuchi，M. ，"Creativity and Ways of Thinking：Japanese Style，" *Physics Today*，Vol. 34，Iss. 9，1981.

96. Kubota，R. ，" Japanese Culture Constructed by Discourses：Implications for Applied Linguistics Research and ELT，" *TESOL Quarterly*，Vol. 33，Iss. 1，1999.

97. La Forge，P. G. ，*Counseling and Culture in Second Language Acquisition*，Oxford：Pergamon Press，1983.

98. Lebra，T. S. ，"The Cultural Significance of Silence in Japanese Communication，" *Multilingua*，Vol. 6，Iss. 4，1987.

99. Lees，H. E. ，" Can the Pause of the Child Change Our Understanding of the Child? [Electronic Resource]，" Paper presentation for the Social and Moral Fabric of Schooling, 8th International Conference " Changing Conceptions of Childhood：Implications for Educational Theory：Research and Practice，" 28th – 30th August 2014，Beverley. – Режим доступа：https：//

www. academia. edu/attachme

nts/34570604/download_ file？st = MTUzNDIzNzgxMywyMTcuMjEuN

DMuOTEsODg2MDY4NTA％3D&s = profile&ct = MTUzNDIzNzc4NCw

xNTM0MjM3OTAzLDg4NjA2ODUw. – Дата доступа：13. 08. 2018.

100. Lees, H. E. , " Choosing Silence for Equality in and through
Schooling [Electronic Resource]," *Forum*, Vol. 58, No. 3, 2016,
pp. 399 – 406, Режим доступа：http：//www. wwwords. co. uk/
rss/abstract. asp？j = forum&aid = 6309&doi = 1. – Дата
доступа：13. 08. 2018.

101. Lees, H. E. , "Silence as A Pedagogical Tool. Using Silence Effectively
in the University Classroom Has Pedagogical Benefits [Electronic
resource]," //World University Rankings ∣ Times Higher Education
(THE), URL：https：//www. timeshighereducation. com/comment/
opinion/silence – as – a – pedagogical – tool/2006621. article. (Дата
доступа：13. 08. 2018）.

102. Lees, H. E. , "Solitude, Silence, Serenity and Pausing：the Missing
Philosophical Story of Education：Symposium," PESGB (Philosophy
of Education Society of Great Britain) Annual Conference, New
College, Oxford, 22 – 24 March 2013. – Режим доступа：https：//
www. academia. edu/5031274/Solitude_ silence_ serenity_ and_
pausing_ the_ missing_ philosophical_ story_ of_ education. –
Дата доступа：13. 08. 2018.

103. Lehtonen, J. , "The Silent Finn," in Tannen, M. Saville – Troike,
eds. , *Perspectives on Silence*, Norwood, 1985.

104. Liu, J. , "Understanding Asian Students' Oral Participation Modes in
American Classrooms," *Journal of Asian Pacific Communication*,
Vol. 10, Iss. 1, 2000.

105. Loveday, L. , *The Sociolinguistics of Learning and Using a Non-Native Language*, Oxford: Pergamon Press, 1982.

106. Marriott, H. E. , "Japanese Students' Management Processes and Their Acquisition of English Academic Competence During Study Abroad," *Journal of Asian Pacific Communication*, Vol. 10, Iss. 2, 2000.

107. Milner, A. , Quilty, M. , *Comparing Cultures*, Melbourne: Oxford University Press, 1996.

108. Nakane, C. , *Japanese Society*, Berkeley; Los Angeles: University of California Press, 1970.

109. Nakane, I. , *Silence in Intercultural Communication: Perceptions and Performance*, Amsterdam: Benjamins, 2007.

110. Needham, J. , et al. , *Science and Civilization in China*: in 7 vol, Cambridge: University Press, 1962, Vol. 4, Physics and Physical Technology, Pt. 1: Physics.

111. Nwoye, G. O. , "Eloquent Silence Among the Igbo of Nigeria," in D. Tannen, M. Saville-Troike, eds. , *Perspectives on Silence*, Norwood, N. J. , 1985.

112. Panikkar, R. , *The Rhythm of Being: The Gifford Lectures*, New York: Orbis Books, 2011.

113. Philips, S. U. , " Participant Structures and Communicative Competence: Warm Springs Children in Community and Classroom," in C. B. Cazden, V. P. John, D. Hymes. , eds. , *Functions of Language in the Classroom*, New York, 1972, pp. 370 – 394.

114. Reda, M. M. , *Between Speaking and Silence: A Study of Quiet Students*, New York: State University of New York Press, 2009.

115. Saville-Troike, M. , "The place of silence in an integrated theory of communication," in D. Tannen, M. Saville-Troike, eds. , *Perspectives*

on *Silence*, Norwood, 1985.

116. Schultz, K. , *Rethinking Classroom Participation*: *Listening to Silent Voices*, New York: Teachers College Press, 2009.

117. Scollon, R. , "Face in Interethnic Communication," in J. C. Richards, R. W. Schmidt, eds. , *Language and Communication*, London, 1983.

118. Scollon, R. , Scollon, S. B. K. , "The Machine Stops: Silence in the Metaphor of Malfunction," in D. Tannen, M. Saville-Troike, eds. , *Perspectives on Silence*, Norwood, 1985.

119. Spielmann, R. , "You're So Fat!": *Exploring Ojibwe Discourse*, Toronto: University of Toronto Press, 1998.

120. Stachewich, K. Milczenie wobec dobra i zła: w stron ę etyki sygetycznej i apofatycznej/K. Stachewicz. -Pozna ń : Uniwersytet im. Adama Mickiewicza, 2012.

121. Tranströmer, T. 7 marca 1979/T. Tranströmer // Niebieski dom/ tłum. Cz. Miłosz; ukł. M. Buczkówna. -Warszawa, 2000.

122. Wohlfart, G. , O milczeniu-Nietzsche i Kierkegaard: filozoficzne uwagi o poj ę ciu milczenia w pracach Nietzschego i Kierkegaarda/ G. Wohlfart, A. Boncela // Przegl ą d Filozoficzny. Nowa Seria. – 1998. – N 4. – S. 215 – 222.

123. Young, D. J. , "An Investigation of Students' Perspectives on Anxiety and Speaking," *Foreign Language Annals*, Vol. 23, Iss. 6, 1990.

124. Zawada, M. Zaślubiny z samotnością: znaczenie milczenia, samotności i ukrycia na drodze do Boga/M. Zawada. -Kraków: Wydaw. Karmelitów Bosych, 1999.

125. Zembylas, M. , "The Sound of Silence in Pedagogy," *Educational Theory*, Vol. 54, Iss. 2, 2004.

图书在版编目（CIP）数据

启发式教学：对话与沉默/（白俄）安·德·科罗

尔（A. D. Korol）著；郭淑红译．－－北京：社会科学

文献出版社，2021.12（2023.1 重印）

ISBN 978 - 7 - 5201 - 9121 - 0

Ⅰ.①启… Ⅱ.①安… ②郭… Ⅲ.①教育学 - 研究

Ⅳ.①G40

中国版本图书馆 CIP 数据核字（2021）第 200366 号

启发式教学：对话与沉默

著　　者／〔白俄〕安·德·科罗尔（A. D. Korol）
译　　者／郭淑红

出 版 人／王利民
责任编辑／史晓琳　孙丽萍
文稿编辑／刘珊珊　王　倩
责任印制／王京美

出　　版／社会科学文献出版社·国际出版分社（010）59367142
　　　　　地址：北京市北三环中路甲 29 号院华龙大厦　邮编：100029
　　　　　网址：www.ssap.com.cn
发　　行／社会科学文献出版社（010）59367028
印　　装／唐山玺诚印务有限公司

规　　格／开　本：787mm×1092mm　1/16
　　　　　印　张：14.5　字　数：195 千字
版　　次／2021 年 12 月第 1 版　2023 年 1 月第 3 次印刷
书　　号／ISBN 978 - 7 - 5201 - 9121 - 0
著作权合同
　　　　　／图字 01 - 2021 - 7098 号
登 记 号
定　　价／98.00 元

读者服务电话：4008918866